Le Guide Pour Débutant
Développement
Joomla!

Sponsored by

KiwiX

web 54

écrit par Hagen Graf,
Andrea Tarr, Alex Andreae,
OpenTranslators, Radek Suski
traduit par Serge Billon et Simon Grange

cocoate

Développement Joomla!

Le Guide Pour Débutant

Chapitre 1

Introduction

Photo: http://www.flickr.com/photos/npobre/2601582256/ (CC BY 2.0)

L'utilisation de Joomla! est facile. Pour le configurer vous utilisez en général votre navigateur et l'interface utilisateur Joomla! en front- et backend.

Améliorer Joomla! avec des fonctionnalités supplémentaires est également facile. Vous téléchargez l'extension souhaitée, l'installez, la configurez et vous l'utilisez.

LE PROBLÈME

Parfois, vous avez une demande et aucune idée sur la manière de l'appliquer. Vous avez cherché sur le répertoire d'extensions Joomla!, mais n'avez rien trouvé, aucune extension ne réponds à vos besoins.

Disons que vous voulez démarrer votre propre affaire immobilière et aucune extension satisfaisante n'existe sur le marché parce que votre idée pour vendre des maisons est unique!

LA SOLUTION

S'il n'y a pas de solution prédéfinie à votre problème, vous avez trois possibilités pour le résoudre

1. Réfléchissez si votre problème est vraiment unique. Fouillez les solutions immobilières existantes et prenez le temps d'en faire le tour. Vous pouvez apprendre beaucoup des

solutions existantes et peut-être vous rendrez vous compte qu'il est possible d'utiliser une solution déjà toute faite. Cela signifie **aucun codage**.

2. Utilisez l'un des kits de construction de contenu pour Joomla! pour implémenter votre solution personnelle. Cela signifie **aucun codage** également.

3. Si vous avez un budget, pensez outsourcing et **payez d'autres personnes pour le codage**.

4. Ou... commencer à coder ! Écrivez l'extension que vous désirez.

CODER?

Lors de la configuration Joomla! via l'interface administrateur, vous avez déjà utilisé différentes sortes de 'code'.

Code visuel

Le code structurel dans Joomla! sont des mots comme *templates, categories, options, articles, éléments de menu, modules, styles* et beaucoup d'autres encore. Vous devez connaître la signification de ces codes, sinon vous êtes perdu.

Code structurel

The structural code in Joomla! are words like *templates, categories, options, articles, menu items, modules, styles* and many more. You have to know the meaning of these codes, otherwise you are lost.

'Vrai code'

C'est ce dont il est question dans ce livre!

Vous connaissez probablement toutes ces abréviations telles que PHP, CSS, JavaScript, HTML, JDOC, XML, etc. Outre les autres significations mentionnées ci-dessus, le verbe « coder» signifie pour moi écrire des commandes dans des fichiers texte, qui font sens dans un contexte donné. L'«unique» défi auquel vous avez à faire face est de savoir à quoi correspondent toutes ces commandes et ces contextes différents et comment les écrire de manière à ce qu'ils fonctionnent comme prévu, soient sécurisés, flexibles, fiables, rapides et faciles à comprendre.

Personne à ma connaissance, ne connait tous les détails des abréviations ci-dessus. Certaines personnes ont tendance à aimer Java Script, un peu de PHP, certains CSS et certains rien du tout.

QUE POUVEZ-VOUS APPRENDRE DE CE LIVRE ?

Même si vous n'avez jamais touché à un fichier texte avec du code à l'intérieur et même si vous n'avez aucune idée pour le moment de ce dont je parle, essayez de lire quelques chapitres. Je ne veux pas dire que vous aurez éclairés, mais je pense que c'est juste intéressant de voir les relations entre toutes ces pièces dans Joomla!

Dans les chapitres suivants, je veux couvrir les principaux concepts dans Joomla! afin d'être en mesure de l'améliorer avec des extensions "maison" .

COMMENT COMMENCER?

Vous avez besoin de connaitre plein de choses qui n'ont aucun lien direct avec Joomla!

L'histoire du module mod_coco_bookfeed

Je vais vous donner un exemple typique de comment les choses se produisent parfois.

Au cours des deux derniers mois les gens me demandaient de plus en plus s'il était possible de placer un lien vers le téléchargement de nos livres gratuitement sur leur site.

Ils voulaient avoir la couverture du livre dans différentes tailles, le titre, le nombre de téléchargements de fichiers et dans l'interface d'administration un choix du livre à présenter et ainsi de suite...

Samedi 12 Novembre 2011

J'ai commencé à faire le tour d'une solution offrant le code à intégrer mais cela ne fonctionne pas bien pour l'affichage et le comptage de la quantité de téléchargements dans le widget, alors j'ai décidé de créer un Module Joomla! à cette fin.

Voici l'histoire jusqu'à présent

• J'ai installé un Joomla local ! 1,7 sur ma machine pour m'amuser

• J'ai créé la structure en copiant un module Joomla! existant

• J'ai créé un fichier sur notre serveur (cocoate.com) avec les données nécessaires

• J'ai trouvé une possibilité d'accéder au fichier du serveur dans le module Joomla!, mis en œuvre les fonctionnalités, testé le tout et cela semblait fonctionner

• J'ai écrit un article de blog et ai demandé des testeurs (Book Feeds Joomla! Module)[1]

• J'ai obtenu immédiatement les retours suivants

    • la façon dont je communique avec le fichier du serveur ne fonctionne pas sur tous les serveurs (jwillin)[2]

    • ot2sen[3] a amélioré le module avec les fichiers de langue et me l'a envoyé par e-mail

Wow, le tout en moins de 24 heures et il semblait possible de travailler ensemble sur ce module!

1. Pour une saine collaboration, j'ai décidé de créer un projet sur GitHub (https://github.com/hagengraf/mod_coco_bookfeed)[4]

2. J'ai décidé de décrire l'histoire de ce petit module ici, dans l'introduction

3. J'ai réfléchi à un développement ultérieur du module

Avec ce petit exemple, vous pouvez vous rendre de ce qui est nécessaire et de ce que vous devez connaitre en commençant à programmer dans Joomla! Vous avez besoin de savoir des choses sur les serveurs Web, les éditeurs, l'environnement de serveur local, l'environnement de serveur en direct, Joomla!, PHP, HTML, XML, Joomla! modules, GIT et, bien sûr, sur d'éventuels vos collaborateurs.

Les chapitres suivants tentent de couvrir tout ou, espérons le, la plupart des étapes que vous devrez connaitre si vous voulez commencer le développement Joomla!

---

[1] http://cocoate.com/node/10189

[2] http://twitter.com/#!/jwillin

[3] http://twitter.com/#!/ot2sen

[4] https://github.com/hagengraf/mod_coco_bookfeed

Chapitre 2

Préparez votre poste de travail

Photo: http://www.flickr.com/photos/lenore-m/2514975647/ (CC BY 2.0)

Dans les temps anciens, les gens avaient l'habitude d'utiliser un poste de travail pour travailler et tous les autres appareils (s'ils en avaient un ou plus) pour quelque chose de différent. Aujourd'hui, la situation évolue à cause du nombre d'«autres périphériques» et de la façon dont ils sont utilisés. L'accès à Internet est disponible en de nombreux endroits et il n'est pas souvent facile de distinguer le travail du reste.

Vous avez probablement une espèce d'ordinateur personnel   qui est votre « Poste de travail». Cela ne doit pas être la dernière version. Même si vous avez un vieux PC, il est facilement possible de développer pour Joomla!.

Les extensions Joomla! sont composées de code source. Le code source est un texte écrit dans un langage de programmation informatique. Il doit être écrit et il doit être édité. Vous avez donc besoin d'un éditeur de code source. Celui ci peut être une application autonome ou il peut être intégré dans un environnement de développement intégré (IDE).

ÉDITEURS DE CODE SOURCE

Beaucoup de gens commencent leur carrière de développeur avec du code simple dans des éditeurs simples. Chaque système d'exploitation est livré avec un éditeur de texte. Très souvent, l'exemple "Hello Word" est créé avec

- Windows: Notepad[5]
- OSX: TextEdit[6]
- Linux: VI[7]

Vous pouvez utiliser ces éditeurs pour vos premiers pas. Il est également utile de connaître le comportement de base et les commandes de ces éditeurs, si vous devez éditer le code source sur une autre machine que la vôtre (par exemple, votre serveur live). Surtout dans le cas de VI, il est important de savoir comment insérer et supprimer du texte et comment enregistrer le fichier modifié (Basic VI Commands[8]).

Après les premières étapes, vous remarquerez que ce serait bien d'avoir plus de fonctionnalités comme le fractionnement de l'écran pour voir plus d'un fichier, «replier» le code source pour avoir une meilleure vue d'ensemble ou de recherche dans tous les fichiers d'un dossier et une infinité d'autres fonctionnalités.

Lorsque vous êtes dans ce stade, jeter un oeil à plusieurs éditeurs avancés comme

- Windows: Notepad++[9],
- OSX: TextWrangler[10],
- Linux: KDE Advanced Text Editor[11],

ENVIRONNEMENTS DE DÉVELOPPEMENT INTÉGRÉS (INTEGRATED DEVELOPMENT ENVIRONMENTS = IDE)

Joomla! utilise le concept Model View Controller (MVC) comme concept clé de développement d'extensions. En utilisant ce concept, vous avez à écrire beaucoup et, par conséquent, vous souhaiterez bientôt avoir quelque chose qui vous permet d' être plus productifs. Alors, un IDE comme Eclipse[12] ou Komodo[13] peut être utile.

Voici un webinaire de 45 minutes sur l'utilisation d'Eclipse[14]

QU'UTILISENT LES DÉVELOPPEURS PROFESSIONNELS ?

J'ai posé une question sur Facebook[15] et j'ai obtenu beaucoup de réponses (*Figure 1*)

[5] http://en.wikipedia.org/wiki/Notepad_(software)

[6] http://en.wikipedia.org/wiki/Textedit

[7] http://en.wikipedia.org/wiki/Vi

[8] http://www.cs.colostate.edu/helpdocs/vi.html

[9] http://en.wikipedia.org/wiki/Notepad++

[10] http://en.wikipedia.org/wiki/Notepad++

[11] http://en.wikipedia.org/wiki/Kate_(text_editor)

[12] http://en.wikipedia.org/wiki/Eclipse_(software)

[13] http://www.activestate.com/komodo-ide

[14] http://community.joomla.org/blogs/community/828-webinar-using-eclipse-for-joomla-development.html

[15] http://www.facebook.com/questions/10150247434712168

Figure 1: Facebook question

Quelques citations de développeurs Joomla! :

> Principalement Notepad++ et Netbeans (*Brian Rønnow, Denmark*)

> Passé presque complètement à PHPStorm mais pour certaines petites choses je les fais encore dans TextMate. Certains projets plus anciens sont encore sous Coda. (*Achim Fischer, Germany*)

> Pour dev j'utilise éclipse, pour des modifications rapides je vais utiliser Coda. (*Chad Windnagle, USA*)

> notepad++ et Eclipse (*Ronni K. G. Christiansen, Denmark*)

> Notepad++ et Netbeans :) (*Jeremy Wilken, USA*)

> Je trouve Quanta Plus terriblement maniable. Songez que je l'utilise surtout pour l'édition de page Web. De tous les éditeurs que j'ai pu trouver dans les dépôts Canonical J'ai préféré Quanta Plus. Il faudrait beaucoup de temps pour lister tout ce que j'aime à ce sujet donc je ne le ferai pas ici. :-) (*Alexey Baskinov, Russia*)

> Pour un développement essentiellement Eclipse. Pour des modifications rapides, Komodo Edit (*Radek Suski, Germany*)

> Cela dépend du fichier et du but de l'édition. Zend Studio et Notepad ++ sont mes choix. (*Viet Vu, Vietnam*)

LAMP SOFTWARE BUNDLE

LAMP est un acronyme pour une solution d'un tas de logiciel libre et open source, à l'origine inventé à partir des premières lettres de Linux (système d'exploitation), Apache HTTP Server, MySQL et Perl / PHP / Python, principaux composants pour construire un serveur web d'usage universel viable.

La combinaison exacte de logiciels inclus dans un paquet LAMP peut varier, particulièrement en ce qui concerne le logiciel de script Web, ainsi PHP peut être remplacé ou complété par Perl et/ou python. Des termes semblables existent pour pratiquement la même suite de logiciel (AMP) fonctionnant sur d'autres logiciels d'exploitation.

Convenant aux débutants, il existe XAMPP[16], disponible pour Windows, OSX et Linux, WampServer[17] pour Windows et MAMP[18] pour OSX. Ce sont toutes des distributions Apache Webserver contenant les dernières versions de Base de données MySQL et du language PHP et ellessont vraiment très faciles à installer et à utiliser - il suffit de télécharger, d'extraire et débuter.

AUTRES OUTILS

Comme navigateurs, vous avez besoin des suspects habituels: Internet Explorer, Chrome, Firefox, Opera, Safari. Vous devez vérifier vos résultats dans tous ces navigateurs web.

Tous ces navigateurs offrent la possibilité d' installer des plugins supplémentaires telles que Firebug[19] et Webdeveloper[20].

DE QUOI AI JE BESOIN?

Comme déjà mentionné auparavant, commencez avec l'éditeur de votre choix et installez un ensemble de logiciels LAMP s'adaptant à vos besoins. Installez une nouvelle copie de Joomla! sans données d'exemple.

• Editeur

• Lamp Software Bundle

• The actual Joomla! Version 1.7/2.5

Pour ce livre, je me sers d' OSX comme système d'exploitation, TextWrangler et MAMP. En tant que navigateur, j'utilise principalement Firefox avec le plugin Firebug.

---

[16] http://www.apachefriends.org/

[17] http://www.wampserver.com/

[18] http://www.mamp.info/

[19] http://getfirebug.com/

[20] http://chrispederick.com/work/web-developer/

Chapitre 3

Écrivez votre propre composant

Photo: http://www.flickr.com/photos/59937401@N07/5857777188/ (CC BY 2.0)

Ecrire un composant à partir de zéro est un travail difficile. Habituellement, les gens qui construisent des sites web avec Joomla! Recherchent dans le répertoire d'extensions Joomla! des composants existants qui répondent à leurs besoins et en général ils trouvent quelque chose d'utile.

Sinon, ils doivent engager quelqu'un pour écrire un composant pour leurs besoins particuliers ou le faire par eux-mêmes.

Dans ce chapitre, nous voulons construire un composant pour une agence immobilière. Il devrait contenir des listes de maisons et des descriptions détaillées sur la première page et une possibilité de gérer ces annonces dans le backend. Nous devons penser aux champs, aux autorisations, à l'upload d'image et aussi à de nombreuses autres exigences.

Un composant Joomla! typique comme le composant de liens web se compose de + de 30 fichiers pour le frontend + et + de 30 fichiers pour le backend. Chaque page dans un site Joomla! correspond à la restitution d'exactement un composant.

ARCHITECTURE MODÈLE-VUE-CONTRÔLEUR

Joomla! est construit sur l'architecture modèle-vue-contrôleur (MVC) qui a été décrite la première fois pour les interfaces utilisateur d'un langage de programmation appelé Smalltalk en 1979.

Aujourd'hui MVC est de facto le standard dans le développement logiciel.

Il peut paraitre sous différentes formes, le flux de commande est généralement comme suit:

- L'utilisateur interagit avec l'interface utilisateurs d'une manière quelconque (par exemple, en cliquant sur un bouton de soumission).

- Le contrôleur manipule l'événement depuis l'interface utilisateurs, et le convertit en action d'utilisateur appropriée, compréhensible pour le modèle.

- Le contrôleur avise le modèle de l' action de l'utilisateur, qui peut entraîner un changement dans l'état du modèle. (Par exemple, le contrôleur met à jour la liste de Maisons de l'utilisateur.)

- Une vue interroge le modèle afin de générer une interface utilisateur approprié (par exemple, la vue liste les listes de maison). La vue obtient ses propres données du modèle.

- L'interface utilisateur attend les interactions utilisateur supplémentaires, qui redémarre le cycle de flux de commande.

Mise en œuvre MVC Joomla !

Dans Joomla!, le modèle MVC est implémenté à l'aide de trois classes : JModel, JView et JController. Vous pouvez regarder une bonne introduction à MVC par Andrew Eddy sur YouTube[21].

EST IL NÉCESSAIRE DE CONSTRUIRE UN COMPOSANT À PARTIR DE ZÉRO?

Il ya quelques années, la construction d'un composant à partir de zéro était la seule façon d'améliorer Joomla! de base. Aujourd'hui, nous avons plusieurs composants construction kit (CCK) disponibles[22]. AfAprès avoir installé un de ces composants CCK, vous êtes en mesure de configurer les types de contenus additionnels avec des champs supplémentaires. La configuration est la plupart du temps facile mais vous dépendez d'un composant   Joomla! supplémentaire qui est la base de votre cas d'utilisation.

> *Je suis utilisateur et je veux un annuaire simple pour mon site Web.*

Ne perdez pas de temps avec le développement de composant , téléchargez un CCK et configurez le selon vos besoins.

> *Je suis une entreprise avec un besoin d'utilisation qui ne changera pas dans les cinq prochaines années et je trouve pas le bon composant dans le JED. La société n'a pas de département IT avec les développeurs.*

---

[21] http://www.youtube.com/watch?v=BpZJpl2rf0U

[22] http://extensions.joomla.org/extensions/news-production/content-construction

Essayez de résoudre votre problème avec un CCK. Si cela ne fonctionne pas, commencez par votre propre composant.

Je suis une entreprise avec un besoin d'utilisation qui ne changera pas dans les cinq prochaines années et je n'ai pas trouvé le bon composant dans le JED. L'entreprise comporte un service informatique avec des développeurs.

Laissez le département informatique se réunir et en discuter. Essayez le CCK et le développement de composants individuels.

Je suis un développeur et je veux créer des composants. Je tiens à les vendre en ligne.

Eh bien, vous devrez apprendre :)

COMMENT COMMENCER ?

J'ai fait un peu de recherche utilisant Google, Joomla.org et les suspects habituels. J'ai trouvé deux tutoriels très détaillés sur la manière d'écrire un composant MVC. Le premier est de Christophe Demko, France [23] et le second est de Rune V. Sjøen, Norway[24]. Il y a d'autres tutoriels disponibles.

Une autre approche intéressante pour le développement de composants est de créer un composant entier automatiquement, selon vos désirs.

- Un projet sur GitHub appelé jFoobar[25] démarré par Amy Stephen:
  JFoobar Component Builder construit un composant Joomla pleinement fonctionnel, complet avec les ACL, les vues, les modèles et les contrôleurs pour l'administration et le Site. Vous pouvez personnaliser votre composant pour votre site en construisant des besoins par la définition de nouvelles données et la personnalisation des layouts (couches).

- Une société appelée Not Web Design™ propose un créateur de composant[26] comme un service payant qui permettra de créer tous les fichiers nécessaires selon votre configuration souhaitée. En utilisant la version pro payante, vous pouvez créer votre liste et formulaire de vue avec des champs personnalisés, vous épargnez ainsi potentiellement plusieurs jours de travail.

Essayez de construire votre propre composant à partir de zéro pour avoir une idée et ensuite testez ces deux constructeurs pour vérifier si ils peuvent vous être utiles.

LE COMPOSANT IMMOBILIER DE COCOATE

Basé sur les tutoriaux mentionnés ci-dessus, je construirai un composant Immobilier en *Je ne sais pas trop maintenant combien* étapes.

Nous avons besoin de plus ou moins trois types d'applications dans un composant.

- **Site**

  L'application du site, aussi appelée frontend, est la zone de votre site que les invités et les utilisateurs voient. Il est utilisé pour afficher le contenu. Les composants de l'application de site sont localisés dans le dossier /components de votre racine Joomla !.

---

[23] http://docs.joomla.org/Developing_a_Model-View-Controller_(MVC)_Component_for_Joomla!1.6

[24] http://docs.joomla.org/User:Rvsjoen/tutorial/Developing_an_MVC_Component

[25] https://github.com/Niambie/jfoobar

[26] http://www.notwebdesign.com/joomla-component-creator

- **Administrator**

  L' application d'administration, appelé également backend, est la partie administration de votre site. Où gestionnaires et administrateurs connectés peuvent gérer le site. Les composants de l'application d'administration se situent dans le dossier *administrator/components* à la racine de votre site Joomla!

- **Installation et Update**

  Pour installer une mise à jour de votre composant, nous avons besoin de fichiers XML pour la configuration et les métadonnées, de fichiers SQL avec des requêtes de bases de données et plus tard d'un serveur de mise à jour pour fournir de nouvelles versions du composant.

Chapitre 4
Étape 1 - Les principes de base

Photo: http://www.flickr.com/photos/22280677@N07/2994098078 (CC BY 2.0)

Recueillons quelques éléments pour la première étape de notre composant immobilier. Un composant doit avoir un nom unique et la plus simple façon d'y parvenir est d'utiliser votre nom ou celui de votre entreprise au début.

- Le nom lisible par un humain pour le composant est **"Cocoate Real Estate"**.(cocoate immobilier)

- Le nom compréhensible par une machine pour le composant est **cocoaterealestate** (tout en rédigeant cet exemple de composant, j'ai appris qu'il est préférable d'éviter les traits de soulignement dans les noms de fichier).

- Les dossiers où se situent le composant se nomment **com_cocoaterealestate**

- Il y a une vue appelée **object**. Cette vue devrait afficher plus tard des listes de maisons.

- Nous avons besoin de la possibilité de créer un élément de menu pour accéder au composant

- Nous voulons avoir un élément de menu dans le backend qui affiche À venir *(coming soon)*.

FRONTEND ET BACKEND

En language "extension" le frontend est appelé **site** et le backend est appelé **admin**

Si vous avez un élément de menu sur votre page qui mene à votre composant et qu'un utilisateur clique sur ce lien

- Joomla! évalue le chemin de l'URL: */index.php?option=com_cocoaterealestate*
- Il recherche dans la table components de la base de données un composant nommé *cocoaterealestate.*
- Il cherche après le dossier *com_cocoaterealestate* dans le dossier du **site** */components.*
- Dans ce dossier il cherche un fichier appelé *cocoaterealestate.php.*
- Il interprète ce fichier.

La même chose arrive dans la partie **admin**. Si un manager ou un administrateur clique sur l'élément de menu,

- Joomla! évalue le chemin de l'URL: */administrator/index.php?option=com_cocoaterealestate*
- Il recherche dans la table components de la base de données un composant nommé *cocoaterealestate.*
- Il cherche après le dossier com_cocoaterealestate dans le dossier del'**admin** *administrator/ components.*
- Dans ce dossier il cherche un fichier appelé *cocoaterealestate.php.*
- Il interprète ce fichier.

Puisque nous devons établir deux applications dans un composant avec le même nom, nous devons avoir une structure. Pour interpréter de la bonne manière, vous avez besoin de plusieurs fichiers.

- *cocoaterealestate.xml* – Le fichier XML avec toutes les informations pour l'installateur
- *cocoaterealestate.php* – Le point de départ de votre composant
- *controller.php* – Le C dans MVC, le contrôleur
- *views/object/view.html.php* – Le fichier qui reçoit les données du modèle (le M dans MVC) et le prépare pour la vue (le V dans MVC)
- *views/object/tmpl/default.php* – Un template par défaut pour la partie composant de la page. Il est possible de le surcharger par le template Joomla! qui est installé.

Nous avons besoin de la même structure dans l'interface **admin**. Les deux applications sont totalement séparés.

FICHIERS ET INSTALLATION

Chaque extension a besoin d'un enregistrement dans la table extension de la base.Sans cet enregistrement il n'existe pas aux yeux du CMS Joomla! et il n'est pas possible d'utiliser l'extension, même si tous les fichiers sont au bon endroit. L' enregistrement de base est généralement créé lorsque vous installez le composant.

Mais comment commencer? Vous devez écrire le composant d'abord :)

Comme toujours, vous avez deux possibilités.

DÉCOUVREZ L'EXTENSION

Depuis Joomla ! 1.6 il y a une option "découvrir" dans le gestionnaire d'extensions. Vous pouvez placer les fichiers de votre composant dans les bons dossiers et cliquer sur l'option "découvrir" dans le gestionnaire d'extensions. Il va lire le fichier .xml du composant et mettre à jour la table extension. Le composant est prêt à l'emploi.

Vos dossiers devraient être placés comme ceci. Un fichier index.html doit être placé dans chaque dossier pour des raisons de sécurité.

```
/component/com_cocoaterealestate/cocoaterealestate.php
/component/com_cocoaterealestate/controller.php
/component/com_cocoaterealestate/index.html
/component/com_cocoaterealestate/view/object/view.html.php
/component/com_cocoaterealestate/view/object/index.html
/component/com_cocoaterealestate/view/object/tmpl/default.php
/component/com_cocoaterealestate/view/object/tmpl/default.xml
/component/com_cocoaterealestate/view/object/tmpl/index.html
/component/com_cocoaterealestate/view/index.html
/administrator/components/com_cocoaterealestate/cocoaterealestate.php
/administrator/components/com_cocoaterealestate/cocoaterealestate.xml
/administrator/components/com_cocoaterealestate/index.html
```

INSTALLEZ L'EXTENSION

L'autre façon est d'installer votre extension via le gestionnaire d'extensions de Joomla ! . Dans ce cas, vous devez placer les fichiers en dehors de Joomla!, Les compresser dans une archive zip et le transférer à l'installateur.Après l'installation, le composant est prêt à l'emploi.

Vos dossiers devraient être placés comme ceci. Un fichier index.html doit être placé dans chaque dossier pour des raisons de sécurité.

```
/site/cocoaterealestate.php
/site/controller.php
/site/index.html
/site/view/object/view.html.php
/site/view/object/index.html
/site/view/object/tmpl/default.php
/site/view/object/tmpl/default.xml
/site/view/object/tmpl/index.html
/site/view/index.html
/administrator/cocoaterealestate.php
/administrator/cocoaterealestate.xml
/administrator/index.html
```

Vous trouvez le composant d'exemple pour le téléchargement sur notre site[27].

LE CODE

Au total nous avons besoin de sept fichiers de code et du fichier *index.html*.

---

[27] http://cocoate.com/jdev/component/step-1

Fichier: index.html

Si un visiteur dirige son navigateur directement vers un dossier du composant, il serait possible, selon la configuration du serveur Web, qu'il aille voir un répertoire de ce dossier. Pour éviter cela vous devez placer un fichier appelé index.html dans chaque dossier. (Listing 1). Cette exigence est un point discutable (Les fichiers de la colère [28]) mais c'est nécessaire pour être répertorié dans le dépôt d'extensions Joomla! (JED).

```
<!DOCTYPE html><title></title>
```

Listing 1: index.html

Fichier: /administrator/cocoaterealestate.php

C'est le fichier qui est exécuté lorsque vous cliquez sur le composant dans la zone d'administration (*Figure 1*). Il peut "tout" contenir :)

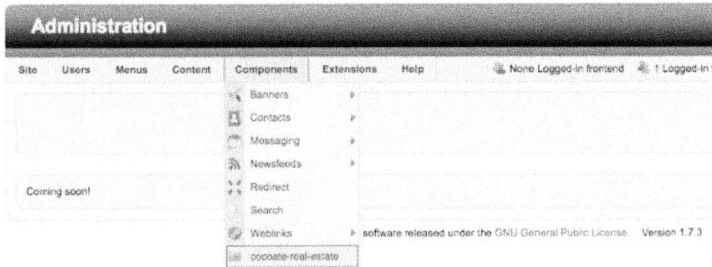

Figure 1: Sortie en backend

```
Coming soon!
```

Listing 2: /administrator/cocoaterealestate.php

Fichier: /administrator/cocoaterealestate.xml

Le fichier *.xml* contient des métadonnées et les informations sur où mettre les fichiers. Vous pouvez voir une partie des données de *Figure 2*.

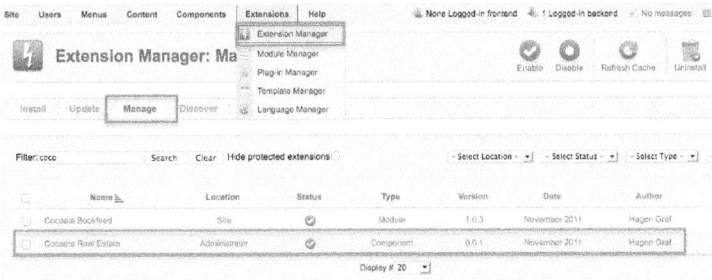

---

[28] http://www.dionysopoulos.me/blog/the-files-of-wrath

Figure 2: Données XML dans le gestionnaire d'extension

```xml
<?xml version="1.0" encoding="utf-8"?>
<extension type="component" version="1.7.0" method="upgrade">

    <name>Cocoate Real Estate</name>
        <!-- The following elements are optional and free of formatting
constraints -->
    <creationDate>November 2011</creationDate>
    <author>Hagen Graf</author>
    <authorEmail>hagen@cocoate.com</authorEmail>
    <authorUrl>http://cocoate.com</authorUrl>
    <copyright>2006-2011 cocoate.com - All rights reserved</copyright>
    <license>GPL 2</license>
    <!-- The version string is stored in the components table -->
    <version>0.0.1</version>
    <!-- The description is optional and defaults to the name -->
    <description>House listings on your website.</description>

    <!-- Note the folder attribute: This attribute describes the folder
        to copy FROM in the package to install therefore files copied
        in this section are copied from "site/" in the package -->
    <files folder="site">
        <filename>index.html</filename>
        <filename>cocoaterealestate.php</filename>
        <filename>controller.php</filename>
        <folder>views</folder>
    </files>

    <administration>
        <menu>Cocoate Real Estate</menu>
        <!-- Note the folder attribute: This attribute describes the folder
            to copy FROM in the package to install therefore files copied
            in this section are copied from "admin/" in the package -->
        <files folder="admin">
            <filename>index.html</filename>
            <filename>cocoaterealestate.php</filename>
        </files>
    </administration>
</extension>
```
Listing 3: /administrator/cocoaterealestate.xml

Fichier: /site/cocoaterealestate.php

La déclaration (" _JEXEC ') or die ; doit être pour des raisons de sécurité en haut de chaque fichier. Php. Cette déclaration vérifie si le fichier est appelé dans une session Joomla! (*Listing 4*).

```
// No direct access to this file
defined('_JEXEC') or die;


// Import of the necessary classes
jimport('joomla.application.component.controller');


// Get an instance of the controller prefixed by CocoateRealEstate
$controller = JController::getInstance('CocoateRealEstate');


// Perform the Request task
$controller->execute(JRequest::getCmd('task'));


// Redirect if set by the controller
$controller->redirect();
```

Listing 4: /site/cocoaterealestate.php

Fichier: /site/controller.php

C'est le contrôleur, le C de MVC. Pour l'instant il n'ya rien à contrôler, le fichier reste vide (*Listing 5*)

```
defined('_JEXEC') or die;

jimport('joomla.application.component.controller');

class CocoateRealEstateController extends JController

{

}
```

Listing 5: /site/controllere.php

Fichier: /site/view/object/view.html.php

Les vues sont le V de MVC et elles sont séparées en différentes vues. Le nom du dossier est le nom de la vue. Dans notre cas, nous aurons besoin de la liste de toutes les maisons et une page détaillée pour un objet. Les vues sont séparées dans des fichiers pour la collecte des données nécessaires à partir du modèle (qui viendra, lui aussi, plus tard) et le fichier de template avec le balisage. Dans le Listing 6 vous voyez la récolte de données pour la liste d'objets.

```
// No direct access to this file
defined('_JEXEC') or die;

jimport('joomla.application.component.view');

class CocoateRealEstateViewObject extends JView

{

    function display($tpl = null)

    {

        // Assign data to the view
        $this->item = 'Cocoate Real Estate';
```

```
        // Display the view
        parent::display($tpl);
    }
}
```

Listing 6: /site/view/object/view.html.php

Fichier: /site/view/object/tmpl/default.php

C'est le fichier de template avec le balisage (*Listing 7*). Ce fichier peut être copié et écrasé par template principal de Joomla ! .

```
// No direct access to this file
defined('_JEXEC') or die;
?>
<h1><?php echo $this->item; ?></h1>
```

Listing 7: /site/view/object/tmpl/default.php

Fichier: /site/view/object/tmpl/default.xml

C'est le fichier de configuration pour le gestionnaire d'élément de menu (*Figure 3, Listing 8*)

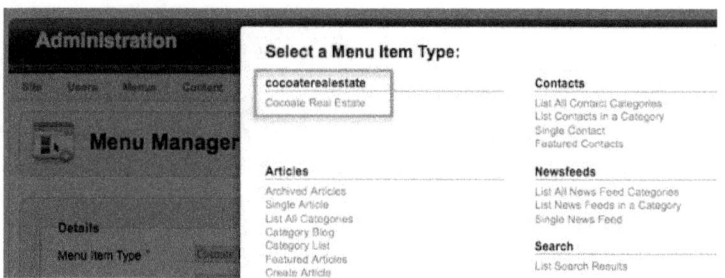

Figure 3: XML Data in Menu Manager

```xml
<?xml version="1.0" encoding="utf-8"?>
<metadata>
  <layout title="Cocoate Real Estate">
    <message>Object</message>
  </layout>
</metadata>
```

Listing 8: /site/view/object/tmpl/default.xml

Chapitre 5

Étape 2 - Base de données, Backend, Langues

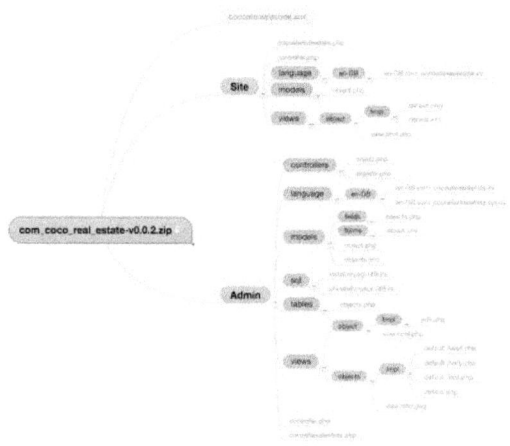

Après les principes de base, nous voulons aller plus loin.

Nous voulons avoir un composant pleinement fonctionnel avec un backend pour l'ajout, modification et suppression d'objets et nous désirons avoir les fichiers séparés de langue, bien sûr, pour avoir la possibilité de localiser notre composant. En général ce n'est pas compliqué, mais nous devons créer de nombreux fichiers et il est facile de se perdre dans des dossiers, les noms de fichiers et l'ordre.

Je veux vous faire commencer avec quelques captures d'écrans (screenshots) pour vous donner une idée de ce dont je parle :)

CAPTURES D'ÉCRAN COCOATE REAL ESTATE (CRE) VERSION 0.0.2

Le composant se compose de plus ou moins deux éléments. L'un est responsable du Frontend (site) et l'autre pour la zone d'administration (admin). c'est encore un composant simple, sans poudre aux yeux, ACL, JavaScript supplémentaires et tous les autres trucs fantaisiste, mais ce sera une base solide pour en savoir plus.

Site

Pour le moment nous voulons seulement avoir la possibilité de créer un lien vers un objet (*Figure 1*). Plus tard, nous allons améliorer cela.

Figure 1: Une fiche dans le frontend

Admin

Pour être en mesure de créer l'élément de menu pour le site nous avons besoin d' un type d'élément de menu (*Figure 2*).

Figure 2: Type d'élément de menu

Après avoir choisi le type d'élément de menu que nous avons à choisir l'objet que nous voulons présenter. Il y aura une liste d'options comprenant des champs différents issus de la base de données. Cette étape est importante parce que dans notre premier essai nous venons d'écrire le texte dans un fichier xml. Ici la liste d'options est créée dynamiquement, selon le contenu de notre table de la base de données (*Figure 3*).

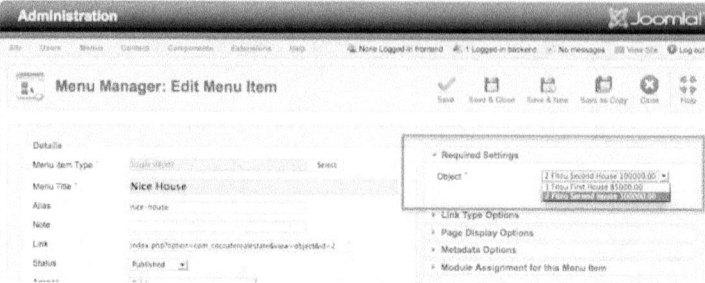

Figure 3: Paramètres dynamiques

Pour ajouter, modifier et supprimer des objets, il faut un aperçu de la page comme dans la *Figure 4*. Nous avons besoin d' un titre, d'une barre d'outils avec des icônes, de cases à cocher et bien sûr de contenu.

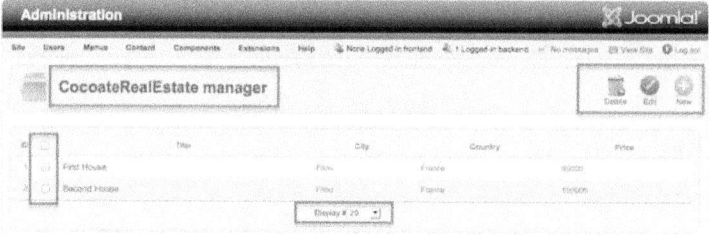

Figure 4: Tableau du backend

Si vous cliquez sur le lien du titre, vous devriez être dirigé vers un formulaire d'édition. Dans ce formulaire d'édition, nous avons besoin d'une barre d'outils différente, de champs et bien sûr d'étiquette et de descriptions pour aider l'utilisateur à comprendre ce qu'il faut faire (*Figure 5*). Le formulaire doit apparaître aussi quand la *Nouvelle* icône est cliquée! Après la sauvegarde, il devrait y avoir un message pour l'utilisateur.

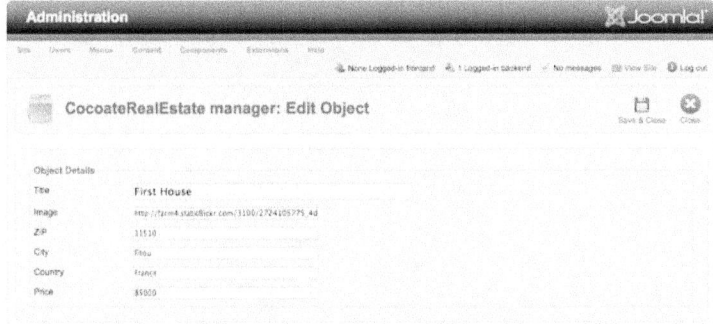

Figure 5: Formulaire d'Édition

Dans le cas de l'édition, il devrait être possible de cocher la case de la ligne et de cliquer sur l'icone édition. Si rien n'est coché et que l'icône d'édition est cliquée il devrait y avoir un message (*Figure 6*)

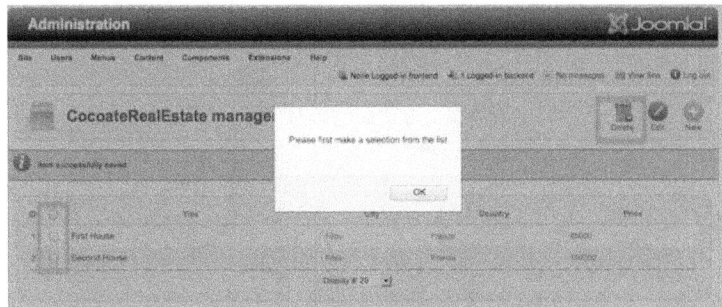

Figure 6: Message si rien n'est sélectionné

Enfin et surtout il devrait être possible de supprimer l'objet fraîchement ajouté.

FICHIER CRE VERSION 0.0.2

À cette étape nous avons besoin d' un grand nombre de fichiers supplémentaires. Si vous travaillez toujours avec un éditeur de « simple » texte, cela peut devenir un peu déroutant. Je vous propose d'installer le composant exemple (lien au-dessous du chapitre) et de passer par tous les fichiers.

Il est important de garder à l'esprit que la structure de dossiers dans le package d'installation diffère de la structure de dossiers dans le CMS Joomla!.

Veuillez prendre votre temps et jetez un oeil sur la structure de dossiers dans le fichier ZIP (*Figure 7*) et la structure de fichier dans le CMS après l'installation (*Figure 8*).

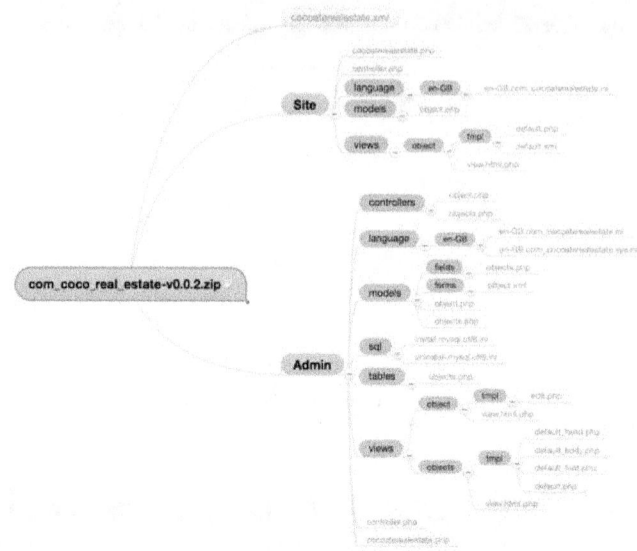

Figure 7: Structure des dossiers dans le package d'installation

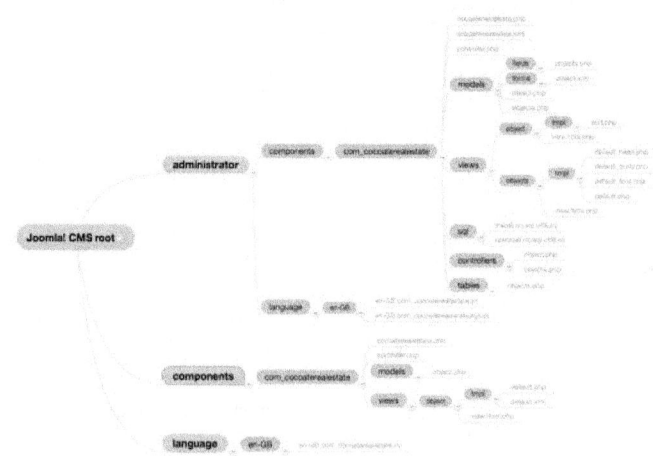

Figure 8: Structure de dossiers dans Joomla!

TABLE COCOATEREALESTATE_OBJECTS

Nous devons stocker nos listes quelque part et j'ai eu le problème de la poule et l'oeuf en écrivant ce chapitre. Naturellement j'ai écrit deux fichiers pour installer et désinstaller la table *cocoaterealestate_objects* (*Listing 1*, *Listing 2*) mais initialement je construis la table en utilisant phpMyAdmin manuellement.

Une fois le code complet, il est possible d'installer le composant et les deux fichiers sont appelés à partir du processus d'installation et de désinstallation.

Les fichiers contiennent les commandes SQL pures et par conséquent l'extension est.sql. Pour faire « simple », j'ai structuré la table de façon simple, avec des champs pour le titre, image, description, ville, CP, pays et prix. Gardez à l'esprit que la commande drop en haut du fichier install peut supprimer accidentellement les données existantes. Selon vos dispositifs de mise à jour il peut être utile ou dangereux:).

```
DROP TABLE IF EXISTS `#__cocoaterealestate_objects`;


CREATE TABLE `#__cocoaterealestate_objects` (
    `id` int(10) unsigned NOT NULL AUTO_INCREMENT,
    `uid` int(10) unsigned NOT NULL DEFAULT '0',
    `created` timestamp NOT NULL DEFAULT CURRENT_TIMESTAMP,
    `published` tinyint(1) unsigned NOT NULL DEFAULT '0',
    `ordering` int(10) unsigned NOT NULL DEFAULT '0',
    `image` varchar(255)  NOT NULL DEFAULT '',
    `meta_descr` varchar(250) DEFAULT NULL,
    `meta_keys` varchar(250) DEFAULT NULL,
    `title` varchar(200) NOT NULL DEFAULT '',
    `description` text,
    `city` varchar(100) NOT NULL DEFAULT '',
    `zip` varchar(50) NOT NULL DEFAULT '',
    `country` varchar(100) NOT NULL DEFAULT '',
    `price` int(10) NOT NULL DEFAULT '0',
    PRIMARY KEY (`id`)
) ENGINE=MyISAM  DEFAULT CHARSET=utf8 AUTO_INCREMENT=3 ;


INSERT INTO `#__cocoaterealestate_objects`  VALUES(1, 42, '2011-11-29
15:39:10',    1,    0,    'http://farm4.staticflickr.com/
3100/2724105775_4d039b4127.jpg', NULL, NULL, 'First House', 'Sed id leo
metus, ut mollis mi. Etiam malesuada ornare felis, vel imperdiet eros cursus
sollicitudin. Nulla viverra, neque sodales porttitor accumsan, felis purus
varius libero, eu posuere odio risus ac nisl. Proin quis eros ipsum, sit
amet pretium eros? Proin at purus cras amet.\r\n', 'Fitou', '11510',
'France', 85000);


INSERT INTO `#__cocoaterealestate_objects`  VALUES(2, 42, '2011-11-29
15:39:10',    1,    0,    'http://farm6.staticflickr.com/
5298/5489897350_eaf091d99b.jpg', NULL, NULL, 'Second House', 'bumsclabe
laber Sed id leo metus, ut mollis mi. Etiam malesuada ornare felis, vel
imperdiet eros cursus sollicitudin. Nulla viverra, neque sodales porttitor
accumsan, felis purus varius libero, eu posuere odio risus ac nisl. Proin
```

```
quis eros ipsum, sit amet pretium eros? Proin at purus cras amet.\r\n',
'Fitou', '11510', 'France', 100000);
```

Listing 1: /administrator/components/com_cocoaterealestate/sql/install.mysql.utf8.sql

```
DROP TABLE IF EXISTS `#__cocoaterealestate_objects`;
```

Listing 2: /administrator/components/com_cocoaterealestate/sql/uninstall.mysql.utf8.sql

MODELES, TABLES, CHAMPS, FICHIERS LANGUES

A côté de la table de base de données elle-même nous avons besoin d' une classe de Table et de modèles différents pour gérer les besoins de notre composant.

Classe de Table

La classe de table se trouve dans la zone d'administration du CMS dans */administrator/ components/com_cocoate_realestate/tables/objects.php (Listing 3)*. Vous définissez autant de tables que vous avez besoin. Le nom de la classe se compose d'un préfixe (*CocoateRealEstateTable*) et du nom virtuel de la table (*Objects*). Une instance de cette classe représente une rangée dans la table de DB ce qui signifie un listing de maison.

```php
<?php
// No direct access to this file
defined('_JEXEC') or die;
jimport('joomla.database.table');
class CocoateRealEstateTableObjects extends JTable
{
  var $id = null;
  var $title = null;
  var $city = null;
  var $price = null;
  var $published = 0;

  function __construct(&$db)
  {
    parent::__construct('#__cocoaterealestate_objects', 'id', $db);
  }
}
?>
```

Listing 3: /administrator/components/com_cocoate_realestate/tables/objects.php

Modèle - Frontend

Le truc cool, c'est que nous pouvons créer un lien pour un seul objet (*Figure 1*). Il nous faut donc un modèle pour UNE rangée (un objet/house listing). Il est important de distinguer une simple fiche maison et une liste/table de fiches de maison. Dans Joomla! nous appelons le fichier du modèle d'une manière singulière, si nous voulons avoir UN élément (*object.php*) et de façon plurielle si nous voulons une liste d'élément (*objects.php*). Le nom du modèle doit être identique au nom du dossier de la vue.

Dans notre cas, le nom du dossier de la vue est object ainsi nous appelons également le fichier modèle object.php (*Listing 4*).

```php
<?php
// No direct access to this file
defined('_JEXEC') or die('Restricted access');
jimport('joomla.application.component.modelitem');
class CocoateRealEstateModelObject extends JModelItem
{
  protected $item;
  public function getItem()
  {
    if (!isset($this->item)) {
      $id = JRequest::getInt('id');
      // Get a TableObject instance
      $table = $this->getTable('Objects', 'CocoateRealEstateTable');
      // Load the object
      $table->load($id);
      // Assign the data
      $this->item['id'] = $table->id;
      $this->item['image'] = $table->image;
      $this->item['title'] = $table->title;
      $this->item['city'] = $table->city;
      $this->item['zip'] = $table->zip;
      $this->item['country'] = $table->country;
      $this->item['price'] = $table->price;
    }
    return $this->item;
  }
}
?>
```

Listing 4: /components/com_cocoate_realestate/models/object.php

Modèle/Champ - Backend

La vue en rapport au modèle de l'objet necessite d'être liée à ce modèle. Cela est effectué par une entrée dans le fichier XML nommé : */components/cocoaterealestate/views/object/tmpl/default.xml* (*Listing 5*). L'attribut qui est important est *addfieldpath*. Les MOTS EN LETTRES CAPITALES sont des variables pour des fichiers de langues.

```xml
<?xml version="1.0" encoding="utf-8"?>
<metadata>
  <layout title="COM_COCOATEREALESTATE_OBJECT_VIEW_DEFAULT_TITLE">
    <message>COM_COCOATEREALESTATE_OBJECT_VIEW_DEFAULT_DESC</message>
  </layout>
    <fields name="request" addfieldpath="/administrator/components/
com_cocoaterealestate/models/fields">
```

```
<fieldset name="request">
  <field
    name="id"
    type="object"
    extension="com_cocoaterealestate"
    label="COM_COCOATEREALESTATE_OBJECT_FIELD_OBJECT_LABEL"
    description="COM_COCOATEREALESTATE_OBJECT_FIELD_OBJECT_LABEL"
    required="true"
    />
  </fieldset>
</fields>
</metadata>
```

Listing 5: /components/cocoaterealestate/views/object/tmpl/default.xml

Fichiers de langue

Les fichiers de langue n'ont rien à voir avec les modèles, mais je veux les mentionner maintenant parce que nous en avons besoin et je les ai déjà utilisés des variables de langue.

Le fichier de langue pour le frontend devrait être */language/en-GB/en-GB.com_cocoaterealestate.ini.* . Le nom du fichier de langue allemande devrait être */language/de-DE/de-DE.com_cocoaterealestate.ini.* . Pour l'instant nous n'avons besoin d'aucune chaine de texte pour le frontend.

Les deux fichiers de langue pour le backend sont stockés dans le dossier */administrator/language/ en-GB/*. L'un est nommé *en-GB.com_cocoaterealestate.sys.ini* (*Listing 6*) et l'autre est nommé *en-GB.com_cocoaterealestate.ini* (*Listing 7*). Le fichier *sys.ini* sera utilisé pendant le processus d'installation, dans le gestionnaire d'extension et dans les menus, une autre langue. Il contient beaucoup moins de chaines de traductions et le fichier est chargé dans le cas de figure où le composant chargé n'est pas *com_cocoaterealestate* lui même, mais qu'un minimum de traduction est nécessaire.

```
COM_COCOATEREALESTATE="Cocoate Real Estate"
COM_COCOATEREALESTATE_DESCRIPTION="House listings on your website."
COM_COCOATEREALESTATE_OBJECT_VIEW_DEFAULT_TITLE="Single object"
COM_COCOATEREALESTATE_OBJECT_VIEW_DEFAULT_DESC="This view displays a single
object"
COM_COCOATEREALESTATE_MENU="Cocoate Real Estate"
```

Listing 6: /administratorlanguage/en-GB/en-GB.com_cocoaterealestate.sys.ini

```
COM_COCOATEREALESTATE_OBJECT_FIELD_OBJECT_DESC="This object will be
displayed"
COM_COCOATEREALESTATE_OBJECT_FIELD_OBJECT_LABEL="Object"
COM_COCOATEREALESTATE_OBJECT_HEADING_ID="ID"
COM_COCOATEREALESTATE_OBJECT_HEADING_OBJECT="Object"
COM_COCOATEREALESTATE_OBJECT_HEADING_TITLE="Title"
COM_COCOATEREALESTATE_OBJECT_HEADING_COUNTRY="Country"
COM_COCOATEREALESTATE_OBJECT_HEADING_CITY="City"
COM_COCOATEREALESTATE_OBJECT_HEADING_IMAGE="Image"
```

```
COM_COCOATEREALESTATE_OBJECT_HEADING_ZIP="ZIP"
COM_COCOATEREALESTATE_OBJECT_HEADING_PRICE="Price"
COM_COCOATEREALESTATE_MANAGER_OBJECTS="CocoateRealEstate manager"
COM_COCOATEREALESTATE_MANAGER_OBJECT_NEW="CocoateRealEstate manager: New
Object"
COM_COCOATEREALESTATE_MANAGER_OBJECT_EDIT="CocoateRealEstate manager: Edit
Object"
COM_COCOATEREALESTATE_N_ITEMS_DELETED_1="One object deleted"
COM_COCOATEREALESTATE_N_ITEMS_DELETED_MORE="%d objects deleted"
COM_COCOATEREALESTATE_OBJECT_DETAILS="Object Details"
COM_COCOATEREALESTATE_OBJECT_FIELD_TITLE_LABEL="Title"
COM_COCOATEREALESTATE_OBJECT_FIELD_TITLE_DESC="Title"
COM_COCOATEREALESTATE_OBJECT_FIELD_IMAGE_LABEL="Image"
COM_COCOATEREALESTATE_OBJECT_FIELD_IMAGE_DESC="Please paste a URL"
COM_COCOATEREALESTATE_OBJECT_FIELD_ZIP_LABEL="ZIP"
COM_COCOATEREALESTATE_OBJECT_FIELD_ZIP_DESC="Enter ZIP code"
COM_COCOATEREALESTATE_OBJECT_FIELD_CITY_LABEL="City"
COM_COCOATEREALESTATE_OBJECT_FIELD_CITY_DESC="City"
COM_COCOATEREALESTATE_OBJECT_FIELD_COUNTRY_LABEL="Country"
COM_COCOATEREALESTATE_OBJECT_FIELD_COUNTRY_DESC="Country"
COM_COCOATEREALESTATE_OBJECT_FIELD_PRICE_LABEL="Price"
COM_COCOATEREALESTATE_OBJECT_FIELD_PRICE_DESC="Enter price"
```

Listing 7: /administratorlanguage/en-GB/en-GB.com_cocoaterealestate.ini

Modeles, Champs et Formulaires - Backend

Le champ de paramètre pour choisir le bon objet pour le lien du menu a besoin d'une relation au modèle. Par conséquent, nous créons un dossier fields à l'intérieur du dossier *models*. Dans ce dossier, nous stockons la structure du champ de paramètre et l'appelons *object.php* (*Listing 8*).

```php
<?php
defined('_JEXEC') or die;
jimport('joomla.form.helper');
JFormHelper::loadFieldClass('list');
class JFormFieldObject extends JFormFieldList
{
  protected $type = 'Object';
  protected function getOptions()
  {
    $db = JFactory::getDBO();
    $query = $db->getQuery(true);
    $query->select('id,title,price,city');
    $query->from('#__cocoaterealestate_objects');
    $db->setQuery((string)$query);
    $titles = $db->loadObjectList();
```

```
$options = array();
if($titles){
  foreach($titles as $title)
  {
      $options[] = JHtml::_('select.option', $title->id, $title->id.' '.
$title->city.' '.$title->title.' '.money_format('%i', $title->price));
  }
}
$options = array_merge(parent::getOptions(), $options);
return $options;
}
}
```

Listing 8: /administrator/components/com_cocoate_realestate/models/fields/object.php

Dans le backend, nous avons une page d'aperçu (*Figure 4*) et un formulaire pour éditer et ajouter un objet unique (*Figure 5*). Pour cette raison nous avons besoin de deux modèles - *object.php* et objects.php (*Listing 9* et *Listing 10*)

```
<?php
// No direct access to this file
defined('_JEXEC') or die;
jimport('joomla.application.component.modeladmin');
class CocoateRealEstateModelObject extends JModelAdmin
{
  public function getForm($data = array(), $loadData = true)
  {
    // Get the form.
        $form = $this->loadForm('com_cocoaterealestate.object', 'object',
array('control' => 'jform', 'load_data' => $loadData));
    return $form;
  }


  protected function loadFormData()
  {
    // Check the session for previously entered form data.
                $data = JFactory::getApplication()-
>getUserState('com_cocoaterealestate.edit.object.data', array());
    if(empty($data)){
      $data = $this->getItem();
    }
    return $data;
  }


    public function getTable($name = 'Objects', $prefix =
'CocoateRealEstateTable', $options = array())
```

```
    {
        return parent::getTable($name, $prefix, $options);
    }
}
```

Listing 9: /administrator/components/com_cocoate_realestate/models/object.php

```
<?php
// No direct access to this file
defined('_JEXEC') or die;
jimport('joomla.application.component.modellist');
class CocoateRealEstateModelObjects extends JModelList
{
    protected function getListQuery()
    {
        // Create a new query object.
        $db = JFactory::getDBO();
        $query = $db->getQuery(true);

        // Select some fields
        $query->select('id,title,city,country,price');

        // From the realestate table
        $query->from('#__cocoaterealestate_objects');
        return $query;
    }
}
?>
```

Listing 10: /administrator/components/com_cocoate_realestate/models/objects.php

Pour ajouter un objet / listing nous avons besoin d' un formulaire. Les formulaires sont situés aussi dans le dossier model. L'extension des fichiers de formulaire est *.xml* et le nom est le même que le nom de l'affichage lorsque le formulaire est nécessaire. Dans notre cas, le nom est encore *object* (*Listing 11*).

```
<?xml version="1.0" encoding="utf-8"?>
<form>
  <fieldset>
    <field
      name="id"
      type="hidden"
    />
    <field
      name="title"
      type="text"
```

```
    label="COM_COCOATEREALESTATE_OBJECT_FIELD_TITLE_LABEL"
    description="COM_COCOATEREALESTATE_OBJECT_FIELD_TITLE_DESC"
    size="40"
    class="inputbox"
    default=""
/>
<field
  name="image"
  type="text"
  label="COM_COCOATEREALESTATE_OBJECT_FIELD_IMAGE_LABEL"
  description="COM_COCOATEREALESTATE_OBJECT_FIELD_IMAGE_DESC"
  size="40"
  class="inputbox"
  default=""
/>
<field
  name="zip"
  type="text"
  label="COM_COCOATEREALESTATE_OBJECT_FIELD_ZIP_LABEL"
  description="COM_COCOATEREALESTATE_OBJECT_FIELD_ZIP_DESC"
  size="40"
  class="inputbox"
  default=""
/>
<field
  name="city"
  type="text"
  label="COM_COCOATEREALESTATE_OBJECT_FIELD_CITY_LABEL"
  description="COM_COCOATEREALESTATE_OBJECT_FIELD_CITY_DESC"
  size="40"
  class="inputbox"
  default=""
/>
<field
  name="country"
  type="text"
  label="COM_COCOATEREALESTATE_OBJECT_FIELD_COUNTRY_LABEL"
  description="COM_COCOATEREALESTATE_OBJECT_FIELD_COUNTRY_DESC"
  size="40"
  class="inputbox"
  default=""
```

```
    />
    <field
      name="price"
      type="text"
      label="COM_COCOATEREALESTATE_OBJECT_FIELD_PRICE_LABEL"
      description="COM_COCOATEREALESTATE_OBJECT_FIELD_PRICE_DESC"
      size="40"
      class="inputbox"
      default=""
    />
  </fieldset>
</form>
```

Listing 11: /administrator/components/com_cocoate_realestate/models/forms/objects.xml

CONTRÔLEURS

Les contrôleurs sont nécessaires pour décider quoi faire ensuite. Si vous cliquez sur l'icone *Nouveau* pour ajouter une fiche maison, un contrôleur doit trouver la bonne manière d'executer la suite, au total nous tuilisons quatre contrôleurs en même temps.

- Un pour le frontend (*/component/com_cocoaterealestate/controller.php - listing 12*)
- n contrôleur générique avec une option par défaut (dans notre cas objects) pour le backend (*/administrator/component/com_cocoaterealestate/controller.php - listing 13*)
- Deux contrôleurs dans le backend pour l'affichage de la liste (*/administrator/component/com_cocoaterealestate/controllers/objects.php - listing 14*) et pour la vue unique (*/administrator/component/com_cocoaterealestate/controllers/object.php - listing 15*).

/component/com_cocoaterealestate/controller.php

Ce contrôleur ne fait rien à l'heure actuelle. Il doit simplement être là (*Listing 12*).

```php
<?php
// No direct access to this file
defined('_JEXEC') or die;
jimport('joomla.application.component.controller');
class CocoateRealEstateController extends JController
{
}
```

Listing 12: /administrator/component/com_cocoaterealestate/controller.php

/administrator/component/com_cocoaterealestate/controller.php

Le contrôleur doit être là aussi mais dans ce cas, nous avons deux vues, donc une doit être la vue par défaut. Le contrôleur définit la vue par défaut comme étant objects.

```php
<?php
// No direct access to this file
defined('_JEXEC') or die;
jimport('joomla.application.component.controller');
class CocoateRealEstateController extends JController
```

```
{
  function display($cachable = false)
  {
    // Set default view if not set
    JRequest::setVar('view', JRequest::getCmd('view', 'objects'));
    parent::display($cachable);
  }
}
?>
```

Listing 13: /administrator/component/com_cocoaterealestate/controller.php

administrator/component/com_cocoaterealestate/controllers/objects.php

```
<?php
// No direct access to this file
defined('_JEXEC') or die;
jimport('joomla.application.component.controlleradmin');
class CocoateRealEstateControllerObjects extends JControllerAdmin
{
    public function getModel($name = 'Object', $prefix =
'CocoateRealEstateModel')    {
        $model = parent::getModel($name, $prefix, array('ignore_request' =>
true));
    return $model;
  }
}
```

Listing 14 /administrator/component/com_cocoaterealestate/controllers/objects.php

administrator/component/com_cocoaterealestate/controllers/object.php

Ce contrôleur doit être là, mais peut rester vide.

```
<?php
// No direct access to this file
defined('_JEXEC') or die;
jimport('joomla.application.component.controllerform');
class CocoateRealEstateControllerObject extends JControllerForm
{
}
```

Listing 15 /administrator/component/com_cocoaterealestate/controllers/object.php

VUES DANS LE FRONTEND ET LE BACKEND

Dans notre exemple, nous avons trois vues

• **La vue "object"** dans le frontend (*Figure 1*) affichant un objet unique. Il se compose de trois fichiers
  /component/com_cocoaterealestate/views/object/view.html.php (Listing 16)
  /component/com_cocoaterealestate/views/object/tmpl/default.php (Listing 17)

/component/com_cocoaterealestate/views/object/tmpl/default.xml (Listing 18) (J'ai déjà mentionné ce fichier ci-dessus)

- **La vue "objects"** dans le backend (*Figure 4*) affichant une liste d'objets/maisons. Il se compose de cinq fichiers

  /administrator/component/com_cocoaterealestate/views/object/view.html.php (Listing 19)
  /administrator/component/com_cocoaterealestate/views/object/tmpl/default.php (Listing 20)
  /administrator/component/com_cocoaterealestate/views/object/tmpl/default_body.php (Listing 21)
  /administrator/component/com_cocoaterealestate/views/object/tmpl/default_foot.php (Listing 22)
  /administrator/component/com_cocoaterealestate/views/object/tmpl/default_head.php (Listing 23)

- **La vue "object"** dans le backend (*Figure 5*) affichant le formulaire. Il se compose de deux fichiers

  /administrator/component/com_cocoaterealestate/views/object/view.html.php (Listing 24)
  /administrator/component/com_cocoaterealestate/views/object/tmpl/edit.php (Listing 25)

La structure des vues est très importante. La *view.html.php* recupère la donnée du modèle et la fournit comme variable pour le « vrai » template appelé *default.php*. Ce *default.php* est fait pour les Designers et il est overridable par n'importe quel template Joomla! (*Pour en savoir plus lire le chapitre sur la surcharge de template*). Il ne doit contenir que des balises enrichies avec des variables PHP.

```php
<?php
// No direct access to this file
defined('_JEXEC') or die;
jimport('joomla.application.component.view');
class CocoateRealEstateViewObject extends JView
{
  protected $item;
  function display($tpl = null)
  {
    // Assign data to the view
    //$this->item = 'Cocoate Real Estate';
    $this->item = $this->get('item');

    // Display the view
    parent::display($tpl);
  }
}
```

Listing 16: /component/com_cocoaterealestate/views/object/view.html.php

```php
<?php
// No direct access to this file
defined('_JEXEC') or die;
?>
<h1><?php echo $this->item['title']; ?></h1>
<img src="<?php echo $this->item['image']; ?>">
<ul>
```

```
<li>
<?php echo $this->item['zip']; ?>
<?php echo $this->item['city']; ?>,
<?php echo $this->item['country']; ?>
</li>
<li>
<strong><?php echo $this->item['price']; ?> €</strong>
</li>
</ul>
<pre>
<?php
// uncomment the next line to see the array
// print_r($this->item); ?>
</pre>
```

Listing 17: /component/com_cocoaterealestate/views/object/tmpl/default.php

```
<?xml version="1.0" encoding="utf-8"?>
<metadata>
  <layout title="COM_COCOATEREALESTATE_OBJECT_VIEW_DEFAULT_TITLE">
    <message>COM_COCOATEREALESTATE_OBJECT_VIEW_DEFAULT_DESC</message>
  </layout>
    <fields  name="request"  addfieldpath="/administrator/components/
com_cocoaterealestate/models/fields">
    <fieldset name="request">
      <field
        name="id"
        type="object"
        extension="com_cocoaterealestate"
        label="COM_COCOATEREALESTATE_OBJECT_FIELD_OBJECT_LABEL"
        description="COM_COCOATEREALESTATE_OBJECT_FIELD_OBJECT_LABEL"
        required="true"
        />
    </fieldset>
  </fields>
</metadata>
```

Listing 18: /component/com_cocoaterealestate/views/object/tmpl/default.xml

```
<?php
// No direct access to this file
defined('_JEXEC') or die;
jimport('joomla.application.component.view');
class CocoateRealEstateViewObjects extends JView
{
```

```php
  function display($tpl = null)
  {
    // Get data from the model
    $items = $this->get('Items');
    $pagination = $this->get('Pagination');

    // Assign data to the view
    $this->items = $items;
    $this->pagination = $pagination;

    // Set the toolbar
    $this->addToolBar();

    // Display the template
    parent::display($tpl);
  }

  protected function addToolBar()
  {

JToolBarHelper::title(JText::_('COM_COCOATEREALESTATE_MANAGER_OBJECTS'));
    JToolBarHelper::deleteListX('', 'objects.delete');
    JToolBarHelper::editListX('object.edit');
    JToolBarHelper::addNewX('object.add');
  }
}
?>
```

Listing 19: /administrator/component/com_cocoaterealestate/views/object/view.html.php

```php
<?php
// No direct access to this file
defined('_JEXEC') or die;
JHtml::_('behavior.tooltip');
?>
<form action="<?php echo JRoute::_('index.php?option=com_cocoaterealestate'); ?>" method="post"
name="adminForm">
  <table class="adminlist">
    <thead><?php echo $this->loadTemplate('head');?></thead>
    <tfoot><?php echo $this->loadTemplate('foot');?></tfoot>
    <tbody><?php echo $this->loadTemplate('body');?></tbody>
  </table>
  <div>
    <input type="hidden" name="task" value="" />
```

```
  <input type="hidden" name="boxchecked" value="0" />
  <?php echo JHtml::_('form.token'); ?>
 </div>
</form>
```

Listing 20: /administrator/component/com_cocoaterealestate/views/object/tmpl/default.php

```php
<?php
// No direct access to this file
defined('_JEXEC') or die;
?>
<?php foreach($this->items as $i => $item): ?>
  <tr class="row<?php echo $i % 2; ?>">
  <td><?php echo $item->id; ?></td>
  <td><?php echo JHtml::_('grid.id', $i, $item->id); ?></td>
  <td>
        <a   href="<?php   echo   JRoute::_('index.php?
option=com_cocoaterealestate&task=object.edit&id=' . $item->id); ?>">
  <?php echo $item->title; ?>
  </a>
  </td>
  <td><?php echo $item->city; ?></td>
  <td><?php echo $item->country; ?></td>
  <td><?php echo $item->price; ?></td>
  </tr>
<?php endforeach; ?>
```

Listing 21: /administrator/component/com_cocoaterealestate/views/object/tmpl/default_body.php

```php
<?php
// No direct access to this file
defined('_JEXEC') or die;
?>
<tr>
  <td colspan="6"><?php echo $this->pagination->getListFooter(); ?></td>
</tr>
```

Listing 22: /administrator/component/com_cocoaterealestate/views/object/tmpl/default_foot.php

```php
<?php
// No direct access to this file
defined('_JEXEC') or die;
?>
<tr>
  <th width="5">
  <?php echo JText::_('COM_COCOATEREALESTATE_OBJECT_HEADING_ID'); ?>
  </th>
```

```
<th width="20">
<input type="checkbox" name="toggle" value="" onclick="checkAll(<?php echo
count($this->items); ?>);" />
</th>
<th>
<?php echo JText::_('COM_COCOATEREALESTATE_OBJECT_HEADING_TITLE'); ?>
</th>
<th>
<?php echo JText::_('COM_COCOATEREALESTATE_OBJECT_HEADING_CITY'); ?>
</th>
<th>
<?php echo JText::_('COM_COCOATEREALESTATE_OBJECT_HEADING_COUNTRY'); ?>
</th>
<th>
<?php echo JText::_('COM_COCOATEREALESTATE_OBJECT_HEADING_PRICE'); ?>
</th>
</tr>
```

Listing 23: /administrator/component/com_cocoaterealestate/views/object/tmpl/default_head.php

```php
<?php
// No direct access to this file
defined('_JEXEC') or die;
jimport('joomla.application.component.view');
class CocoateRealEstateViewObject extends JView
{
  public function display($tpl = null)
  {
    // get the Data
    $form = $this->get('Form');
    $item = $this->get('Item');

    // Assign the Data
    $this->form = $form;
    $this->item = $item;

    // Set the toolbar
    $this->addToolBar();

    // Display the template
    parent::display($tpl);
  }

  protected function addToolBar()
```

```
{
    JRequest::setVar('hidemainmenu', true);
    $isNew = ($this->item->id == 0);
                    JToolBarHelper::title($isNew    ?
JText::_('COM_COCOATEREALESTATE_MANAGER_OBJECT_NEW')    :
JText::_('COM_COCOATEREALESTATE_MANAGER_OBJECT_EDIT'));

    JToolBarHelper::save('object.save');

        JToolBarHelper::cancel('object.cancel', $isNew ? 'JTOOLBAR_CANCEL' :
'JTOOLBAR_CLOSE');
    }
}
```

Listing 24: /administrator/component/com_cocoaterealestate/views/object/view.html.php

```php
<?php
// No direct access to this file
defined('_JEXEC') or die;
JHtml::_('behavior.tooltip');
?>
<form    action="<?php    echo    JRoute::_('index.php?
option=com_cocoaterealestate&layout=edit&id='.(int) $this->item->id); ?>"
  method="post" name="adminForm" id="object-form">
    <fieldset class="adminform">
        <legend><?php echo JText::_('COM_COCOATEREALESTATE_OBJECT_DETAILS'); ?
></legend>
        <ul class="adminformlist">
            <?php foreach($this->form->getFieldset() as $field): ?>
                <li><?php echo $field->label;echo $field->input;?></li>
            <?php endforeach; ?>
        </ul>
    </fieldset>
    <div>
        <input type="hidden" name="task" value="object.edit" />
            <?php echo JHtml::_('form.token'); ?>
    </div>
</form>
```

Listing 25: /administrator/component/com_cocoaterealestate/views/object/tmpl/edit.php

Chapter 6

Étape 3 - Et si je vous faisais une proposition Cool?

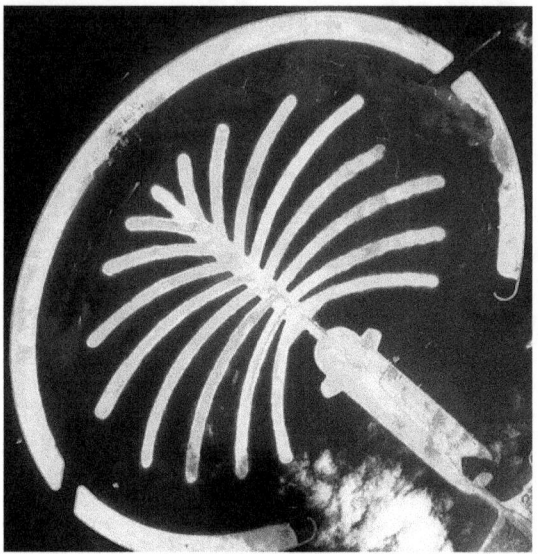

Photo: http://www.flickr.com/photos/lexgs40099/56656498/ CC-BY-2.0

Félicitations

Le composant existe maintenant, et c'était un défi de le construire. Il est loin d'être " prêt à l'emploi " mais je pense que vous avez maintenant une image plus claire de la structure derrière un composant.

A ce stade, il serait bon de penser, par exemple, à l'utilisation d'un IDE. J'ai écrit le dernier chapitre en utilisant TextWrangler comme éditeur et je me suis perdu dans tous ces fichiers. Dans l'intervalle, j'ai installé Eclipse:)

QU'EST-CE QUI MANQUE DANS NOTRE COMPOSANT ?

Eh bien, cela dépend de vos besoins.

D'un point de vue Joomla! , tout est possible, du point de vue des clients vous avez généralement à garder à l'esprit qu'il y a un budget limité !

Mais ayons une courte liste des fonctionnalités manquantes (N'hésitez pas à en ajouter dans un commentaire[29]).

- **La gestion du portfolio dans le backend**
  Quand nous avons des centaines de listes, comment pouvons-nous les gérer?

- **Permissions**
  Qui peut ajouter, modifier et supprimer des fiches maison?

- **Validation**
  Si beaucoup de gens travaillent sur notre plateforme, nous avons à valider leur entrée pour éviter les problèmes.

- **Chargement d'images**
  Comment charger les images sur le serveur d'une manière convenable ?

- **Recherche**
  Nous devons avoir la possibilité de rechercher des maisons !

- **Categories**
  Joomla! propose des catégories imbriquées dans le noyau (Core).
  Utilisons les pour classer nos fiches de maisons.

- **Paramètres du composant**
  Quels sont les paramètres communs pour le composant, p. ex. la devise des prix ?

- **Mises à jour**
  Joomla ! fournit un mécanisme de mise à jour pour votre extension.

- **S'aggrandir**
  Avons-nous plus d'un agent immobilier? Si oui nous avons besoin d'une table « agent » supplémentaire et une relation entre les objets et les agents

- **Devenir Mobile**
  comment rendre les fiches maison disponibles sur les mobiles des clients ?

- **Se sociabiliser**
  Comment poster les fiches dans les réseaux sociaux?

- **Travailler ensemble**
  Devrions-nous commencer une communauté immobilière:) ?

J'arrête là parce que cette liste deviendrait interminable.

L'AVENIR DE COCOATE IMMOBILIER

Peut-être que je me trompe, mais je pense que, pour un débutant, vous en avez vu assez pour démarrer le développement de vos propres composants.

Maintenant, vous pouvez décider si vous voulez essayer ou non. Jetez un oeil sur mes tutoriels proposés dans le chapitre *Écrire votre propre composant*.

LE DEAL

Faisons un deal entre vous et moi!

J'essaie de réaliser certaines des tâches ci-dessus, et quand j'aurai fini une tâche j'écrirai un chapitre supplémentaire à son propos.

---

[29] http://cocoate.com/node/10216

Vous essayez de réaliser des tâches aussi, peut-être une tâche totalement différente, et vous l'ajoutez à la version Cocoate Real Estate sur GIThub [30].

J'espère qu'il se développera et deviendra le meilleur composant d'immobilier dans le Joomlaverse :)

---

[30] https://github.com/hagengraf/com_cocoaterealestate

Chapitre 7

Ecrivez votre propre module

écrit par Andrea Tarr - tarrconsulting.com

Photo: http://www.flickr.com/photos/45131642@N00/5987288907/ CC-BY-2.0

Les modules sont le contenu et les éléments du « menu latéral ». Ils fonctionnent souvent indépendamment du contenu existant et des bases de données. Un exemple pourrait être un module Latest Articles (derniers articles) avec une liste des articles les plus récemment ajoutés au site. Comme vous pourrez le voir au cours de ce chapitre, afin de profiter pleinement de Joomla!, vous devez profiter des outils Joomla! (framework) contenus dans le dossier *libraries/ joomla*. Joomla! utilise du PHP orienté objet donc la plupart des fichiers que vous trouvez dans le dossier *libraries/joomla* sont des fichiers de classes. En incluant ces dernières dans votre programme, vous laissez à Joomla! le soin d'effectuer tout le "travail lourd" à votre place.

La programmation dans Joomla! utilise des conventions. Cela suppose que vous devez structurer votre programme et choisir le nom de vos fichiers et classes d'une certaine manière. C'est un domaine dans lequel vous ne devriez pas être trop créatifs ;-).

Les modules pour le backend sont contenus dans le dossier *administrator/modules*, et les modules pour le frontend dans le dossier modules. Au sein de ces dossiers, chaque module possède son propre dossier qui commence par: mod_.

Nous allons maintenant prendre l'exemple d'une liste de contacts utilisée pour afficher une liste de succursales. Le code est dans un fichier joint à la fin de ce tutoriel. Voici à quoi ressemblera le module dans la partie frontend du site (*Figure 1*):

Figure 1: Module affiché dans le frontend

Dans le backend, vous serez en mesure de sélectionner la catégorie et le nombre de contacts à afficher (*Figure 2*). (La capture d'écran suivante utilise le template Hathor administrative).

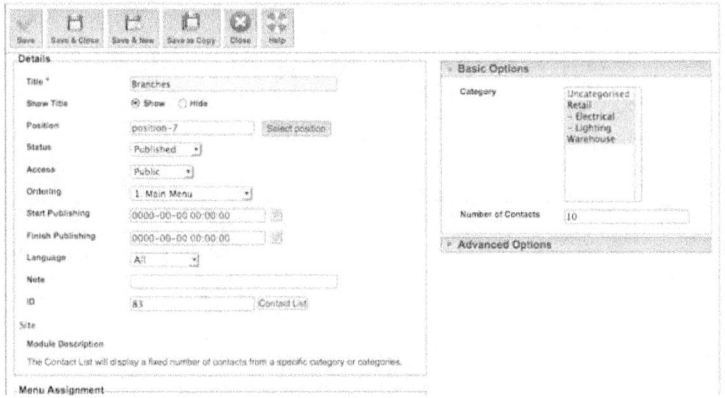

Figure 2: Module Options on the Backend

There are six main files, some in subfolders, in the *module/mod_contact_list* folder. In addition to these files, each folder should contain a dummy *index.html* file[31].

---

[31] Download the example module from http://cocoate.com/jdev/module

Il y a six fichiers principaux, dont certains dans des sous-dossiers, dans le répertoire *module/ mod_contact_list*. En plus de ces fichiers, chaque dossier contient un fichier factice *index.html*.

Path	File	Purpose
modules/mod_contact_list	mod_contact_list.xml	Define the module and parameters
modules/mod_contact_list	mod_contact_list.php	Main processing file - the controller
modules/mod_contact_list	helper.php	Helper functions to get the data - the model
modules/mod_contact_list/tmpl	default.php	The HTML for displaying the module - the view
modules/mod_contact_list/language/en-GB	en-GB_mod_contact_list.ini	English language file
modules/mod_contact_list/language/en-GB	en-GB_mod_contact_list.sys.ini	English language file for system strings

MOD_CONTACT_LIST.XML

Le fichier *mod_contact_list.xml* définit le module, la version minimum de joomla! sur laquelle il est supporté, les fichiers qu'il utilise ainsi que les paramètres qui seront utilisés. Ce fichier est nécessaire pour que le module puisse être installé. C'est la première partie de ce fichier qui donne la description basique du module:

```
<?xml version="1.0" encoding="UTF-8"?>
<extension type="module" version="1.7" client="site" method="upgrade">
    <name>MOD_CONTACT_LIST</name>
    <author>Andrea Tarr</author>
        <creationDate>November 2011</creationDate>
        <copyright>Copyright (C) 2011 Tarr Consulting. All rights reserved.</copyright>
        <license>GNU General Public License version 2 or later</license>
        <authorEmail>atarr@tarrconsulting.com</authorEmail>
        <authorUrl>www.tarrconsulting.com</authorUrl>
    <version>1.0</version>
    <description>MOD_CONTACT_LIST_XML_DESCRIPTION</description>
```

La balise *<extension>* détermine le type de module, la version minimum de Joomla! supportée et également si c'est un module frontend (0) ou un module backend (1). La méthode *"upgrade"* indique que si un répertoire de module portant le même nom existe déjà, on suppose que c'est une version antérieure de ce même programme qui peut donc être mise à jour. Si vous utilisez *"install"*, tout dossier en doublon empêchera l'installation. Les balises *<name>* et *<description>* utilisent des chaines de caractères qui seront traduites dans les fichiers de langues. Les fichiers de langues sont décrits plus loin dans ce tutoriel..

La partie suivante liste les fichiers. Ce sont les fichiers qui seront copiés pendant l'installation. Si vous avez des fichiers extérieurs au fichier zip, ils seront ignorés. Si vous listez un fichier qui n'est pas dans un fichier zip, le module ne s'installera pas.

```
        <files>
            <filename>mod_contact_list.xml</filename>
                <filename module="mod_contact_list">mod_contact_list.php</filename>
            <filename>index.html</filename>
```

```
<filename>helper.php</filename>
<folder>tmpl</folder>
<folder>language</folder>
</files>
```

Le fichier principal est repéré par l'attribut module. La balise *<folder>* va copier tous les fichiers ainsi que les sous-dossiers dans ce dossier.

La section suivante définit les paramètres que vous voyez dans la colonne de droite du backend. Cette section est située entre les balises *<config>*. Le groupe de paramètres est situé dans les balises *<field>* avec l'attribut de nom *"params"*. Chaque sous-ensemble est contenu dans des balises *<fieldset>*. En premier, les parametres de base, où nous choisissons la catégorie ainsi que le nombre d'articles:

```
<config>

    <fields name="params">
        <fieldset name="basic">
            <field
                name="catid"
                type="category"
                extension="com_contact"
                multiple="true"
                default=""
                size="10"
                label="JCATEGORY"
                description="MOD_CONTACT_LIST_FIELD_CATEGORY_DESC" >
            </field>

            <field
                name="count"
                type="text"
                default="5"
                label="MOD_CONTACT_LIST_FIELD_ITEMS_LABEL"
                description="MOD_CONTACT_LIST_FIELD_ITEMS_DESC" />

        </fieldset>
```

Chacun des paramètres individuels est dans des balises <field>. L'attribut "name" est utilisé pour récupérer le paramètre dans votre programme. L'attribut "type" définit le type du paramètre. Chacun de ces types est défini dans le Joomla Framework. Les types communément utilisés sont text, list, editor, textarea, category, calendar, radio, checkbox, checkboxes, media, folderlist, et filelist. Pour une liste complète, visitez:[32]. Vous pouvez également créer votre

---

[32] http://docs.joomla.org/Standard_form_field_types

propre type comme expliqué ici:[33]. Les attributs label et description utilisent les chaines de caractères contenues soit dans les fichiers de langues globaux, soit dans les fichiers de langue de l'extension.

Les paramètres avancés suivants sont ceux que vous devriez utiliser pour tous vos modules sauf si vous ne voulez pas que les utilisateurs possèdent ces droits standards. Tout sauf le *moduleclass_sfx* fonctionnent automatiquement juste en incluant ce code. Pour faire fonctionner le *moduleclass_sfx*, vous devez ajouter *<?php echo $moduleclass_sfx; ?>* à la balise de classe dans le fichier HTML à l'endroit où vous voulez permettre à l'utilisateur de définir une classe spéciale.

```
<fieldset
    name="advanced">

    <field
        name="layout"
        type="modulelayout"
        label="JFIELD_ALT_LAYOUT_LABEL"
        description="JFIELD_ALT_MODULE_LAYOUT_DESC" />

    <field
        name="moduleclass_sfx"
        type="text"
        label="COM_MODULES_FIELD_MODULECLASS_SFX_LABEL"

description="COM_MODULES_FIELD_MODULECLASS_SFX_DESC" />

    <field
        name="cache"
        type="list"
        default="1"
        label="COM_MODULES_FIELD_CACHING_LABEL"
        description="COM_MODULES_FIELD_CACHING_DESC">
        <option
            value="1">JGLOBAL_USE_GLOBAL</option>
        <option
                value="0">COM_MODULES_FIELD_VALUE_NOCACHING</
option>
    </field>

    <field
        name="cache_time"
        type="text"
        default="900"
```

---

[33] http://docs.joomla.org/Creating_a_custom_form_field_type

```
label="COM_MODULES_FIELD_CACHE_TIME_LABEL"

description="COM_MODULES_FIELD_CACHE_TIME_DESC" />


    <field

        name="cachemode"

        type="hidden"

        default="itemid">

        <option

            value="itemid"></option>

    </field>


        </fieldset>
```

Terminez le fichier en fermant les balises:

```
        </fields>

    </config>

</extension>
```

MOD_CONTACT_LIST.PHP

Le fichier *mod_contact_list.php* est le principal pour votre programme. Il joue le rôle du contrôleur dans une structure Model-View-Controller. De la même manière que nous séparons le contenu de la présentation et du comportement en séparant les fichiers HTML/CSS/ JavaScript, nous séparons le contrôle du programme, les données (model), et l'affichage (view). Le fichier commence par vérifier que le fichier est appelé par Joomla! et non pas directement:

```
<?php

/**

 * Contact List

 *

 */


// no direct access

defined('_JEXEC') or die;
```

Tous vos fichiers php doivent commencer avec ce code.

Nous allons mettre notre code de récupération de données dans le fichier *helper.php*, donc nous devons inclure ce fichier. Il contient une définition de classe, donc nous devons utiliser le *require_once*. *dirname(__FILE__)* donne le chemin du fichier en cours donc cela peut être utilisé comme chemin pour le fichier *helper.php*. Rappelez-vous que la définition d'une classe n'a aucun effet au moment de l'inclusion.

```
// Include the class of the syndicate functions only once

require_once(dirname(__FILE__).'/helper.php');
```

Ensuite, nous récupérons les données en faisant un appel statique à la classe définie dans le fichier helper.php et en mettant le résultat dans *$liste*. *$params* est un objet qui contient tous les paramètres définis dans le fichier *xml*.

```
// Static call to the class
```

```
$list = modContactListHelper::getList($params);
```

La ligne suivante effectue tout simplement un peu de nettoyage. Nous allons utiliser le paramètre de suffixe de classe du module pour construire une classe, il nous faut donc commencer par "désinfecter". En mettant cela ici, nous nous assurons que c'est fait même si un designer modifie le template.

```
$moduleclass_sfx = htmlspecialchars($params->get('moduleclass_sfx'));
```

Pour finir, nous appelons le "framework module processor" qui va tout mettre ensemble et récupérer le HTML à afficher en se basant sur le fichier *tmpl/default.php*. Puisque c'est fait fait par une inclusion (include), toutes les variables sont encore disponibles.

```
require(JModuleHelper::getLayoutPath('mod_contact_list'));
```

C'est la fin du fichier. N'insérez pas de balise de fermeture *?>*. La pratique dans Joomla! est de sauter toutes les balises PHP de fermeture parce que les caractères après la balise php, y compris certains caractères de contrôle, déclenchent l'envoi des entetes HTML prématurément, ce qui provoque des erreurs.

HELPER.PHP

Nous utilisons le fichier helper.php pour récupérer les données. Nous commençons le fichier php de la manière standard:

```
<?php
// no direct access
defined('_JEXEC') or die;
```

Nous voulons lister les contacts de la table de contact Joomla!, dans des catégories données. Comme nous utilisons une table venant d'un composant défini selon les standards de Joomla!, nous pouvons utiliser des définitions de modèle existantes dans notre programme. Pour faire cela, nous incluons la partie du Joomla Framework qui gère les modèles de composants et faisons un appel statique pour inclure les modèles venant du composant com_contact.

```
jimport('joomla.application.component.model');

JModel::addIncludePath(JPATH_ADMINISTRATOR.'/components/com_contact/
models', 'ContactModel');
```

Maintenant il est temps de faire la définition de la classe. Cette classe n'a pas de propriété et *getlist()* est la seule méthode:

```
class modContactListHelper
{
    /**
     * Retrieves the list of contacts
     *
     * @param array $params An object containing the module parameters
     * @access public
     */
    public function getList($params)
    {
```

La fonction commence par obtenir l'information globale, qui est récupérée par un appel statique de l'Application. C'est ce qui remplace l'ancienne variable globale $mainframe utilisée antérieurement dans Joomla!.

```
$app    = JFactory::getApplication();
```

Nous récupérons ensuite la connexion à la base de données:

```
$db          = JFactory::getDbo();
```

Maintenant nous devons créer un objet $model à partir des contacts. Nous utilisons un appel statique à Jmodel en lui précisant le composant (*Contact*) et le préfixe de classe (*ContactModel*). Le traitement du modèle force les états (states) à se souvenir dans quel état est le modèle (par exemple le réglage des filtres). Lorsque vous créez un module, vous ne souhaitez habituellement pas affecter un état au composant principal, donc ignore_request précise de ne pas se souvenir de l'état lié à ce traitement.

```
// Get an instance of the generic contact model
$model   = JModel::getInstance('Contacts', 'ContactModel',
array('ignore_request' => true));
```

Puis nous réglons les paramètres de l'application dans le modèle:

```
$appParams = JFactory::getApplication()->getParams();

$model->setState('params', $appParams);
```

Ensuite nous réglons les filtres en nous basant sur les paramètres du module. Le paramètre list.start est réglé sur 0 afin de commencer au début et nous réglons la fin (list.limit) en nous basant sur le compteur que nous avons entré dans les paramètres du module. Le paramètre filter.published est réglé sur 1 pour spécifier de ne récupérer que les contacts publiés. Enfin list.select liste les champs à renvoyer.

```
$model->setState('list.start', 0);

$model->setState('list.limit', (int) $params->get('count', 5));

$model->setState('filter.published', 1);

$model->setState('list.select', 'a.id, a.name, a.catid' .
           ', a.address, a.suburb, a.postcode, a.state, a.telephone
' .
           ', a.published, a.access, a.ordering, a.language'.
           ', a.publish_up, a.publish_down');
```

Le filtre suivant est utilisé par l'ACL pour s'assurer que seuls les contacts autorisés seront affichés.

```
$access   = !JComponentHelper::getParams('com_contact')-
>get('show_noauth');

$authorised                                           =
JAccess::getAuthorisedViewLevels(JFactory::getUser()->get('id'));

$model->setState('filter.access', $access);
```

Ensuite, nous filtrons par catégorie en nous basant sur les paramètres que nous avons entrés dans les paramètres du module. Notez que nous utilisons un tableau puisque nous avons autorisé l'appartenance multiple aux catégories lorsque nous avons défini le paramètre dans le fichier XML.

```
$model->setState('filter.category_id', $params->get('catid',
array()));
```

Les derniers filtres concernent le langage et l'ordre des contacts dans la liste.

```
$model->setState('filter.language',$app->getLanguageFilter());
$model->setState('list.ordering', 'ordering');
$model->setState('list.direction', 'ASC');
```

Pour finir, nous appelons la méthode getItems() dans l'objet $model . Comme nous utilisons la méthode *getItems()* du composant de contact, nous n'avons pas besoin de l'écrire nous-même. Nous pouvons simplement utiliser celle qui existe déjà. Tous ce que nous devions faire était de définir l'état des filtres. Ensuite nous retournons la liste que nous venons de récupérer et nous fermons la fonction et la classe. Notez qu'ici aussi nous n'incluons pas de balise de fermeture php.

```
$items = $model->getItems();


        return $items;

    }

}
```

TMPL/DEFAULT.PHP

Maintenant, tout ce que nous devons faire c'est écrire le HTML qui affichera la liste des informations que nous avons recueillies. En séparant le HTML et en le mettant dans un fichier layout lui-même situé dans le dossier tmpl nous permettons aux designers de modifier le template en changeant le HTML comme ils le souhaitent. Ce fichier commence comme les autres fichiers PHP, avec un test pour être sûr que seul Joomla! puisse l'appeler.

```
<?php
/**
 * Contact List Module Entry Point
 */


// no direct access
defined('_JEXEC') or die; ?>
```

Ensuite, nous mettons le HTML qui affichera la liste. C'est une bonne idée d'entourer le tout avec <*div*> avec une classe afin d'identifier le type de module, comme cela les designers (ou vous même) peuvent ajouter du style seulement pour ce module. C'est également une bonne place pour ajouter le suffixe de classe du module. Mettre le code PHP immédiatement après la classe de type de module est ce qui donne le plus de possibilités aux designers.

```
<div class="contact_list<?php echo $moduleclass_sfx; ?>">
```

Pour finir, nous créons une liste non-ordonnée et parcourons $list afin d'afficher chacune des lignes. Nous fermons ensuite le <*div*> englobant l'ensemble du fichier.

```
<ul>
<?php foreach ($list as $item) :?>
        <li><h4><?php echo htmlspecialchars($item->name); ?></h4>
        <p><?php echo nl2br(htmlspecialchars($item->address)); ?><br />
        <?php echo htmlspecialchars($item->suburb); ?>,
        <?php echo htmlspecialchars($item->state); ?>
        <?php echo htmlspecialchars($item->postcode); ?><br />
        <?php echo htmlspecialchars($item->telephone); ?></p></li>
```

```
<?php endforeach; ?>
</ul>
</div>
```

LANGUAGE/EN-GB/EN-GB_MOD_CONTACT_LIST.INI

C'est le principal fichier de langues pour le module. Vous mettez dans votre programme les clés du langage en lettres majuscules avec le préfixe *MOD_CONTACT_LIST*. L'assignation se fait avec le signe = et les chaines de caractères sont délimitées par des guillemets. C'est une structure différente de celle de la version 1.5. Cette nouvelle structure, qui est beaucoup plus rapide, n'autorise plus les espaces à l'intérieur des clés de langage. C'est un fichier ini, donc vous n'utilisez pas le "jexec or die " au début du fichier.

```
; Note : All ini files need to be saved as UTF-8 - No BOM


MOD_CONTACT_LIST="Contact List"

MOD_CONTACT_LIST_FIELD_CATEGORY_DESC="Select Contacts from a specific
Category or Categories."

MOD_CONTACT_LIST_FIELD_ITEMS_DESC="The number of Contacts to display
within this module"

MOD_CONTACT_LIST_FIELD_ITEMS_LABEL="Number of Contacts"

MOD_CONTACT_LIST_XML_DESCRIPTION="The Contact List will display a fixed
number of contacts from a specific category or categories."
```

LANGUAGE/EN-GB/EN-GB_MOD_CONTACT_LIST.SYS.INI

Le dernier fichier est le fichier de langue sys.ini. Ce fichier est uniquement utilisé sur les écrans d'installation et de mise à jour dans le backend et n'a besoin que des clés suivantes. Ces deux écrans doivent pouvoir accéder à de nombreuses extensions pouvant avoir de grands fichiers de langue. En incluant des fichiers sys.ini courts pour chaque extension, la performance est ainsi améliorée.

```
; Note : All ini files need to be saved as UTF-8 - No BOM


MOD_CONTACT_LIST="Contact List"

MOD_CONTACT_LIST_XML_DESCRIPTION="The Contact List will display a fixed
number of contacts from a specific category or categories."

MOD_CONTACT_LIST_LAYOUT_DEFAULT="Default"
```

INDEX.HTML

Vous devriez mettre un fichier index.html à la racine et dans chaque dossier / sous-dossier de votre module pour empêcher n'importe qui d'obtenir une liste des fichiers en entrant un répertoire dans la barre d'adresse. Le fichier peut être aussi simple que cela:

```
<!DOCTYPE html><title></title>
```

PACKAGING THE MODULE FOR INSTALLATION

Comme nous avons déjà créé le fichier xml, la seule chose que vous devez faire pour créer un package d'installation est de zipper les fichiers et dossiers dans un dossier module. Assurez-vous de seulement zipper les dossiers et fichiers dans le dossier mod_contact_list et de ne pas inclure le dossier de niveau supérieur *mod_contact_list* lui-même.

Si vos fichiers font déjà partie d'un *site Joomla!, vous pouvez utiliser à la place* Extensions -> Gestion des extensions -> Découvrir pour installer le module. Cliquez sur l'icône Découvrir pour chercher des fichiers d'extension qui ne sont pas installés. Lorsque votre module apparaît, cochez la case d'à côté et cliquez sur Installer.

Le fichier attaché est téléchargeable à la fin de la page anglaise de ce document[34].

---

[34] http://cocoate.com/jdev/module

Votre publicité dans Le Guide Pour Débutant - Développement Joomla!

http://cocoate.com/fr/jdevfr/ad

Chapitre 8

Ecrivez votre propre plugin

Photo: http://www.flickr.com/photos/39747297@N05/5229733647/ CC-BY-2.0

Un plugin est une sorte d'extension Joomla!.

Le plugin s'active lorsqu'un évènement prédéfini survient, par exemple lors d'un onContentPrepare. Cela signifie que pendant que Joomla! prépare le contenu à afficher, le plugin ajoute sa contribution à cette préparation. Prenons l'exemple basique du plugin de saut de page (pagebreak). Lorsque l'évènement est lancé, le plugin devient actif. S'il trouve la chaine de caractères *<hr class="system-pagebreak" />* dans le texte, il implémentera le saut de page.

Joomla! possède 8 types de plugin : *authentication, content, editors-xtd, editors, extension, search, system* et *user*. Ce sont aussi les noms des sous-répertoires dans lesquels se situent les fichiers des plugins. Par exemple les plugins de type *authentication* se trouvent dans le répertoire *plugins/ authentication*. D'autre part un plugin s'installe à l'aide du gestionnaire d'extensions

Joomla! fournit pour chaque type de plugin des évènements prédéfinis. Par exemple les évènements de contenu :

- onAfterDisplay

- onAfterContentSave

- onAfterDisplayTitle

- onAfterDisplayContent
- onPrepareContent
- onBeforeDisplay
- onBeforeContentSave
- onBeforeDisplayContent
- onContentPrepareForm
- onContentPrepareData

Vous pouvez trouver tous les évènements existants dans la Joomla! plug-in documentation[35].

Chaque extension peut définir ses propres évènements. Cela permet de répondre aux évènements d'autres extensions, ce qui rend les extensions extensibles (*Figure 1*).

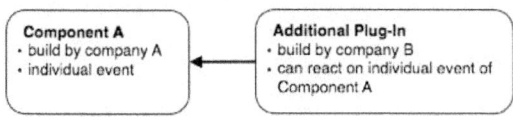

Figure 2: Plug-In, Component

EXEMPLE

Pour prendre un exemple très simple, nous voulons afficher une petite ligne de texte au-dessus du texte de chaque article (*Figure 2*).

Joomla!

My special text

Congratulations! You have a Joomla! site! Joomla! makes it easy to build a website just the way you want it and keep it simple to update and maintain.

Joomla! is a flexible and powerful platform, whether you are building a small site for yourself or a huge site with hundreds of thousands of visitors. Joomla is open source, which means you can make it work just the way you want it to.

Beginners

My special text

If this is your first Joomla site or your first web site, you have come to the right place. Joomla will help you get your website up and running quickly and easily.

Start off using your site by logging in using the administrator account you created when you installed Joomla!.

Upgraders

My special text

If you are an experienced Joomla! 1.5 user, this Joomla! site will seem very familiar. There are new templates and improved user interfaces, but most functionality is the same. The biggest changes are improved access control (ACL) and nested categories. This release of

Professionals

My special text

Joomla! 1.7 continues development of the Joomla Framework and CMS as a powerful and flexible way to bring your vision of the web to reality. With the administrator now fully MVC, the ability to control its look and the management of extensions is now complete.

Figure 2: Exemple Plug-In

---

[35] http://docs.joomla.org/Plugin

Pour implémenter cette tâche nous devons écrire un plugin de contenu que j'ai nommé **cocoateaddtext**. Nous avons seulement besoin de 2 fichiers, le fichier .xml avec les metadata (*Listing 1*) et un fichier php pour notre code (*Listing 2*)[36].

```php
<?php
defined('_JEXEC') or die;
jimport('joomla.plugin.plugin');


class plgContentCocoateAddText extends JPlugin
{
     public  function  onContentPrepare(  $context,  &$article,  &$params,
$limitstart=0 )
   {
     $article->text = "<strong>My special text</strong>".$article->text ;
       return true;
   }
}
```
Listing 1: /plugins/content/cocoateaddtext/cocoateaddtext.php

```xml
<?xml version="1.0" encoding="utf-8"?>
<extension version="1.7" type="plugin" group="content">
    <name>PLG_CONTENT_COCOATEADDTEXT</name>
    <author>Hagen Graf</author>
    <creationDate>Dec 2011</creationDate>
    <copyright> :) </copyright>
        <license>GNU General Public License version 2 or later; see
LICENSE.txt</license>
    <authorEmail>info@cocoate.com</authorEmail>
    <authorUrl>www.cocoate.com</authorUrl>
    <version>1.0</version>
    <description>PLG_CONTENT_COCOATEADDTEXT_XML_DESCRIPTION</description>
    <files>
        <filename plugin="cocoateaddtext">cocoateaddtext.php</filename>
        <filename>index.html</filename>
    </files>
</extension
```
Listing 2: /plugins/content/cocoateaddtext/cocoateaddtext.xml

Après avoir créé ces fichiers nous avons à « découvrir » et à installer le plug-in - *Extensions -> Extension-Manager -> Discover (Figure 3)*

---

[36] Téléchargez le plugin exemple de http://cocoate.com/jdev/plugin

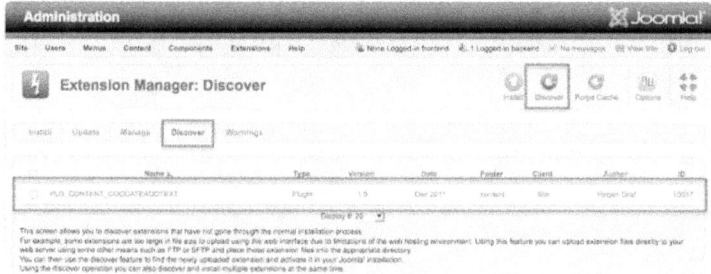

Figure 3: Découvrez et installez le plug-in

Après activation dans le gestionnaire de plugin nos articles auront la même apparence que dans la *Figure 2*.

Chapitre 9

Écrivez vos propres surcharges de template

Photo: http://www.flickr.com/photos/needoptic/5789554613 CC-BY-2.0

Imaginez que vous prévoyez un site Joomla ! avec trois composants différents. Lorsque vous installez les composants, ils affichent tous avec des vues prédéfinies leur contenu. Les vues sont créées par les développeurs de composants et, dans le pire des cas, vous avez trois approches différentes pour adapter le design sur votre site.

Bien sûr, votre cvlient veut avoir un design unique sur son site, Of course, your client wants to have a unique template design et maintenant vous devez ajuster les vues du composant existant avec des classes CSS supplémentaires, différentes balises HTML ou écrire un nouveau balisage complet.

Vous pouvez changer le code du composant. Cependant, ce n'est pas bon pour votre réputation, car avec la prochaine mise à jour du composant, vos modifications auront disparu !

Voici la situation où la surcharge de template entre en jeu.

Les surcharges de templates (overrides) sont essentiellement une solution au problème.

Chaque fois que vous hackez le Noyau, Dieu tue un chaton (Every time you hack core, God kills a kitten)[37]

Même si vous n'avez aucun dieu à l'esprit, et même s'il ne s'agit pas noyau mais de codage de composant, s'il vous plaît, pensez aux chatons !

Supposons que vous êtes un client qui utilise notre merveilleux composant Cocoate Immobilier.

Votre idée de l'affichage de la fiche de la maison est totalement différente de la mienne. Ok, alors modifions !

Le composant dispose d'une couche modèle de template par défaut pour chaque vue. Nous voulons changer la vue frontend, elle est stockée dans le fichier */components/com_cocoaterealestate/ views/object/tmpl/default.php*. Ce fichier fait paraître la page de cette manière (*Figure 1*) et elle est construite autour des données collectées dans le fichier */components/com_cocoaterealestate/views/ object/views.html.php*.

Figure 1: Vue de l'objet par défaut

Pour notre exemple nous nous baserons sur le template *beez_20* Template. En réalité vous voudriez probablement commencer en créant votre propre template mais ce serait de trop, à ce niveau de décrire les différentes étapes nécessaires alors nous utiliserons *beez_20* qui existe déjà. Même s'il y a une mise à jour du noyau de Joomla! , vos surcharges ne seront pas perdues.

Copiez le fichier

/components/com_cocoaterealestate/views/object/tmpl/default.php

vers

/templates/beez2/html/com_cocoaterealestate/object/default.php.

La structure du dossier template est ainsi faite:

---

[37] http://www.flickr.com/photos/hagengraf/2802915470/

- */templates* - le dossier contient tous les templates
- */templates/beez_20* - le dossier contient le template beez2
- */templates/beez_20/html* - le dossier contient les surcharges de template
- */templates/beez_20/html/com_cocoaterealestate* - le dossier contient les surcharges de template pour un composant
- */templates/beez_20/html/com_cocoaterealestate/object* - le dossier contient les surcharges de template pour une vue du composant

Décommentez ou insérer des 5 dernières lignes de code (*Listing 1*).

```
<?php
// No direct access to this file
defined('_JEXEC') or die;
?>
<h1><?php echo $this->item['title']; ?></h1>
<img src="<?php echo $this->item['image']; ?>">
<ul>
  <li>
  <?php echo $this->item['zip']; ?>
  <?php echo $this->item['city']; ?>,
  <?php echo $this->item['country']; ?>
  </li>
  <li>
  <strong><?php echo $this->item['price']; ?> €</strong>
  </li>
</ul>
<pre>
<?php
print_r($this->item);
?>
</pre>
```

Listing 1: /templates/beez_20/html/com_cocoaterealestate/object/default.php

La fonction PHP *print_r()* montre le contenu de la rangée *$this->item*. Pour rendre la sortie plus lisible, je l'ai placée entre les balises *<pre> </pre>*.

Lorsque vous rechargez votre page, vous voyez maintenant toutes les données. Vous pouvez utiliser la liste ci-dessous pour votre template personnel (*Figure 2*).

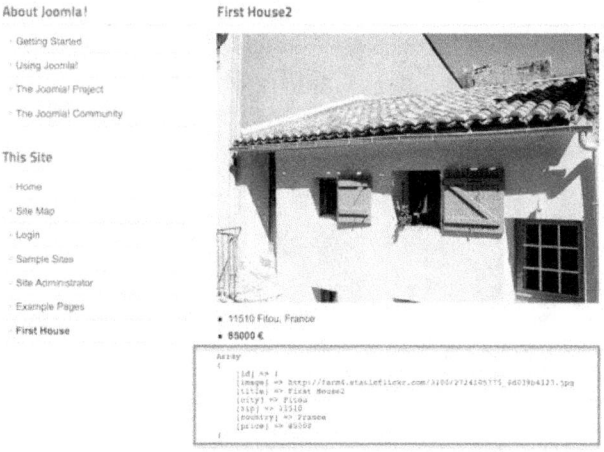

Figure 1: Étape 1 vue surchargée

Nous devrions voir le contenu du tableau.

```
Array
(
    [id] => 1
    [image] => http://farm4.staticflickr.com/3100/27241...
    [title] => First House
    [city] => Fitou
    [zip] => 11510
    [country] => France
    [price] => 85000
)
```

Selon le composant le tableau pourrait être beaucoup plu grand et plus complexe. Dans notre cas, il est très simple.

Maintenant vous pouvez choisir les valeurs dont vous avez besoin et construire le balisage souhaité autour.

Exemple: Si vous voulez avoir le prix dans un balise <div> avec une classe spéciale, cela pourrait ressembler à ceci:

```
<div class="myprice">
<?php echo $this->item['price']; ?>
</div>
```

Il est possible d'utiliser n'importe quel type de déclarations PHP dans ce fichier, mais c'est beaucoup mieux quand le développeur du composant propose tous les champs nécessaires dans le tableau afin que vous puissiez vous concentrer sur le balisage.

PLUS D'INFORMATIONS SUR L'OVERRIDING (SURCHARGE)

- http://docs.joomla.org/How_to_override_the_output_from_the_Joomla!_core

- http://docs.joomla.org/Understanding_Output_Overrides

Votre publicité dans Le Guide Pour Débutant - Développement Joomla!

http://cocoate.com/fr/jdevfr/ad

Chapitre 10

Écrivez votre propre mise en page alternative

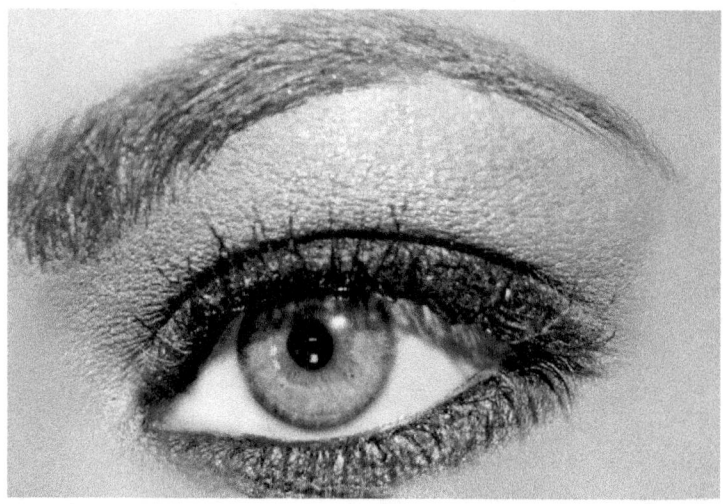

Photo: http://www.flickr.com/photos/pumpkincat210/4264425603/ CC-BY-2.0

Les mises en page alternatives sont une possibilité pour les développeurs d'extensions d'éviter d'avoir à créer des surcharges de templates et pour le créateur de template une chance de proposer différentes mise en page pour les modules et les composants existants.

Imaginez un composant qui arriverait avec trois dispositions alternatives pour un article. Parfois, c'est un « article normal », parfois, il devrait ressembler à un produit, et parfois à une page de livre. Ou encore un template offrant différents affichages pour le module d'identification. Vous n'aurez qu'à choisir la disposition que vous souhaitez utiliser.

Il est possible de créer des mises en page alternatives pour :

• composants

• catégories

• modules

La façon d'appliquer les mises en page alternative est exactement la même chose pour les composants, modules et catégories.

EXEMPLE D'UNE MISE EN PAGE ALTERNATIVE D'UN MODULE

Vous pouvez fournir une ou plusieurs dispositions complémentaires à n'importe quel module.

Selon vos besoins vous pouvez placer cette mise en page directement dans le dossier de vue du module ou dans le template.

• Si vous êtes le développeur de ce module vous devez mettre les différents calques dans le vue template du module (*tmpl*) (*Figure 1*). Ensuite vous pouvez choisir le calque que vous voulez afficher dans les options de module (*Figure 2*).

• Si vous êtes développeur/designer d'un template vous devez mettre les différents calques de mises en page dans le dossier html de la surcharge du template. Là, vous devez créer un dossier portant le même nom que le module et un sous-dossier pour la vue.C'est le même dossier que vous utilisez pour les surcharges de template. Évidemment, le nom de fichier doit être autre chose que default.php puisque celui-ci a déjà été réservé pour les surcharges du template.Et veuillez ne pas utiliser un trait de soulignement _ dans le nom du fichier. Pour des raisons que j'ignore, parfois cela ne fonctionne pas et parfois cela fonctionne. Ensuite, vous pouvez choisir une disposition alternative dans l'option de module (*Figure 3*).

Vous pouvez même traduire le nom du fichier indiqué dans les options de module en utilisant les fichiers de langue et en ajoutant la ligne

```
TPL_BEEZ_20_MOD_LOGIN_LAYOUT_MYBEEZLAYOUT="My Login Layout"
```

au fichier */templates/beez_20/language/en-GB/en-GB.tpl_beez_20.sys.ini*, il traduira le nom de fichier "mybeezlayout.php" par "my Login Layout".

Figure 1: Disposition alternative dans le dossier de module

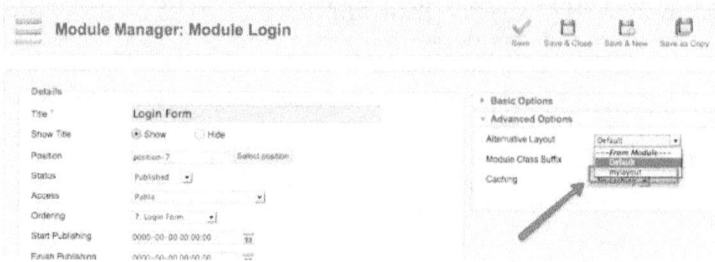

Figure 2: Disposition alternative dans les options de module

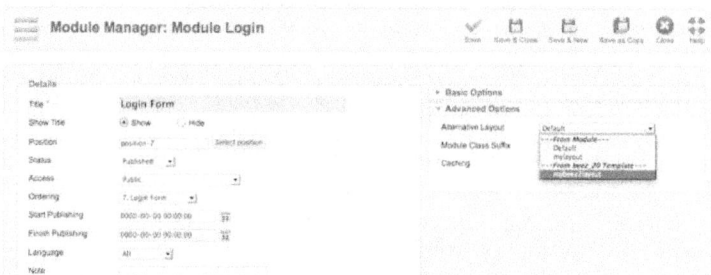

Figure 3: Disposition alternative pour le module depuis beez_20 template

ÉLÉMENTS DE MENUS ALTERNATIFS

En complément de la mise en page alternative, des types d'éléments de menu peuvent être ajoutés à la mise en page et les éléments en option de cet article peuvent être contrôlés en les nommant dans un fichier xml du même nom que le fichier de la mise en page. La présence d'un fichier XML fait d'une disposition alternative un élément de menu. Par exemple, pour créer un élément alternatif de menu appelé *"mylayout"* pour un article, vous créeriez deux fichiers dans le dossier *templates/beez_20/html/com_content/article* appelés *mylayout.php* et *mylayout.xml*. Si vous voulez insérer plus de fichiers de mise en page, vous devez ajouter ajouter ces fichiers avec des underscores dans les noms de fichier.

Les mises en pages des éléments de menu sont prioritaires sur les mises en pages alternatives d'un composant ou d'une catégorie.

Le fichier XML utilise le même format que les fichiers menu item XML du noyau. Ceci vous permet non seulement de créer une disposition adaptée aux besoins du client pour cet élément de menu, mais également de créer des paramètres personnalisés. Par exemple, vous pouvez masquer certains paramètres ou ajouter de nouveaux paramètres.

EN SAVOIR PLUS :

http://docs.joomla.org/Layout_Overrides_in_Joomla_1.6

Chapitre 11

Ecrivez votre propre application en utilisant Joomla! Platform

Photo: http://www.flickr.com/photos/papalars/691515009/ CC-BY-2.0

Le terme Joomla! platform est récent, il est apparu avec la sortie de Joomla! 1.6 en janvier 2011.

HISTOIRE:

epuis le commencement de Mambo/Joomla!, le package du CMS contient des fichiers nommés *mambo.php* et *joomla.php*.

Dans la version 1.0 de Joomla!, ces fichiers contenaient 6153 lignes de code. Ces fichiers, qui incluaient également quelques autres fichiers, étaient tout simplement trop «lourds». Ils servaient à stocker du code utilisé par le noyau ainsi que par les extensions.

Ces fichiers ont grossi au fur et à mesure jusqu'à devenir Jplatform, une sorte de système d'exploitation pour Joomla, faisant du CMS une sorte d'application qui tournerait sur ce système d'exploitation.

Depuis Joomla!1.6, la Patform s'est dissociée du CMS.

La Joomla! Platform est le framework sur lequel fonctionne le CMS Joomla!.

L'idée de cette séparation est née après le lancement de Joomla! 1.0 au cours de l'année 2005, et il aura fallu près de 6 ans pour la mettre en place. Cette séparation va changer la façon dont les développeurs, les architectes et les fournisseurs de services travailleront avec Joomla! dans l'avenir.

De nombreuses entreprises et organisations ont des exigences qui vont bien au-delà de ce qu'offre le CMS de base de Joomla!, par exemple pour l'intégration de systèmes d'e-commerce, de systèmes de réservation ou encore de gestion de membres.

Regardons cela de plus près...

La numérotation

Ce qui m'a le plus surpris la première fois que j'ai entendu parler de la Joomla! Patform a été sa numérotation.

Puis j'ai rapidement compris: le schéma de numérotation se compose du numéro de l'année en cours et d'un numéro de séquence. De cette manière, 11.1 était la première version de l'année 2011. La version qui a suivi était 11.2. La première version qui sortira en 2012 sera donc 12.1.

Cycle des Release

Tous les trois mois, une nouvelle version de la Joomla! Platform vient mettre à jour la précédente.

Contenu du Pack

Le package Joomla! Platform contient les fichiers stockés dans les répertoires */libraries* et */media* et ne possède pas d'interface graphique.

Le code source de la Platform est stocké sur GitHub[38].

code: https://github.com/joomla/joomla-platform

membres: https://github.com/joomla/joomla-platform/network/members

Avantages et bénéfices de la séparation

1. Cela permet aux développeurs d'utiliser la Joomla! Platform indépendamment du CMS. Ce qui signifie que dans l'avenir, vous aurez le choix entre différents CMSs basés sur la Joomla! Platform. C'est révolutionnaire! Joomla! est le seul système au monde à permettre cela. Il y aura toujours un CMS fourni par le Joomla! Projet, mais d'autres projets comme Molajo pourraient également utiliser Joomla! Platform comme base. 2. Cela permet aux développeurs de contribuer ou d'ajouter des fonctionnalités plus rapidement. Dans le passé il pouvait être frustrant de constater que du bon code ne puisse pas toujours être intégré au noyau de Joomla!. Le stockage de la Joomla! Platform sur GitHub permet de facilement manipuler le code et également d'y intégrer le votre.

2. Une mise à jour tous les 3 mois.

3. Avec ce cycle relativement court de mise à jour, il est possible d'ajouter des fonctionnalités à la Platform beaucoup plus rapidement que dans le CMS. Cela est pratique pour les

---

[38] http://fr.wikipedia.org/wiki/GitHub

développeurs d'extensions pour ajouter des fonctionnalités de base nécessaires à leurs propres extensions.

4. Cela encourage le recrutement de plus de développeurs, y compris des grandes sociétés, qui n'auraient autrement pas contribué. C'est un point crucial, et tout cela fonctionnera pleinement lorsque ces collaborations seront mises en place.

UTILISER LA PLATFORM JOOMLA!

Pour commencer, il faut télécharger la Platform.

Vous trouvez la dernière version sur GitHub (https://github.com/joomla/joomla-platform).

• Manual: http://developer.joomla.org/manual/

• Coding Standards: http://developer.joomla.org/standards/

Ensuite, vous devez extraire le dossier dans votre répertoire serveur (htdocs) et créer un répertoire pour vos applications (*cli*).

Dans le répertoire */docs* vous trouverez la documentation et la norme de codage de la plateforme. Les fichiers sont au format DocBook, et c'est un peu délicat pour les visualiser. Elkuku[39] fournit un filtre public pour la documentation où vous pouvez télécharger les docs en pdf[40].

Testez votre environnement

La Joomla! Platform n'offre pas d'interface graphique (GUI) dans un navigateur comme le CMS Joomla!, donc nous utilisons PHP en ligne de commande (CLI) pour nos tous premiers tests.

En fonction de notre système d'exploitation et du LAMP utilisé, il est possible que PHP ne soit pas correctement installé. Vous pouvez le vérifier en entrant la commande php -version dans un terminal (Terminal pour OSX[41], Command Prompt pour Windows[42], Shell pour Linux systems[43]).J'utilise OSX et MAMP et le résultat ressemble à cela:

```
web hagengraf$ php -version
PHP 5.3.6 with Suhosin-Patch (cli) (built: Sep  8 2011 19:34:00)
Copyright (c) 1997-2011 The PHP Group
Zend Engine v2.3.0, Copyright (c) 1998-2011 Zend Technologies
```

Hello World

Nous commençons simplement avec l'exemple *"Hello world"*. Créez un fichier *hello.php* et placez le dans le répertoire */cli* (que vous venez de créer) (*Listing 1*).

```
<?php
define( '_JEXEC', 1 );
```

---

[39] http://twitter.com/#!/elkuku

[40] http://elkuku.github.com/joomla-platform/

[41] http://en.wikipedia.org/wiki/Terminal_(Mac_OS_X)

[42] http://en.wikipedia.org/wiki/Command_Prompt

[43] http://en.wikipedia.org/wiki/Unix_shell

```
// Import of necessary class file
require_once ( '../libraries/import.php' );
// Load JCli class
jimport( 'joomla.application.cli' );
// Extend JCli class
class HelloWorld extends JCli
{
  // overwrite method
  public function execute( )
  {
    // print something
    $this->out( 'Hello World' );
  }
}
// Call of the static method executed in the derived class
HelloWorld?
JCli::getInstance( 'HelloWorld' )->execute( );
?>
```

Listing 1: hello.php

Exécutez votre nouvelle application avec la commande php hello.php, et le résultat devrait ressembler à ceci:

```
cli hagengraf$ php hello.php
Hello World
cli hagengraf$
```

Bien, pour être honnête, j'ai été content la première fois que j'ai vu ce résultat...mais essayons d'aller un peu plus loin avec un autre exemple ;).

Vos derniers Tweets

Avez-vous un compte Tweeter? Créons une application interactive utilisant la Joomla! Platform pour lire vos derniers Tweets: (*listing 2*)

```
<?php
define('_JEXEC', 1);
require_once '../libraries/import.php';
jimport('joomla.application.cli');

class TwitterFeed extends JCli
{

  //Get Latest Tweet
  function latest_tweet( $username, $count = 5 )
  {
```

```
        $url = "http://twitter.com/statuses/user_timeline/$username.xml?
count=$count";
    $xml = simplexml_load_file( $url ) or die( "could not connect" );
    $text = '';
    foreach( $xml->status as $status )
    {
      $text .= $status->text . '

';
    }
    return $text;
  }

  public function execute()
  {
    $this->out( 'What is your twitter handle?' );
    $username = $this->in( );

    $this->out( 'How many tweets to view?' );
    $count = $this->in( );

    $tweet = $this->latest_tweet( $username, $count );
    $this->out( $tweet );
  }

  protected function fetchConfigurationData()
  {
    return array();
  }
}

JCli::getInstance('TwitterFeed')->execute();
```

Listing 2: twitter.php

Lorsque vous lancez l'application avec la commande php twitter.php, cela vous demande votre nom d'utilisateur Twitter et combien de Tweets vous souhaitez voir. Cela affiche ensuite les Tweets!

```
cli hagengraf$ php twitter.php
What is your twitter handle?
hagengraf
How many tweets to view?
5
```

```
Did you know? Member for 8 years 7 weeks :) http://t.co/L8tzB2kz
#drupal #wordpress


@brianronnow can you give me the wrong link, then I will update it


@brianronnow oh sorry :) the correct answer is 243 pages


@brianronnow the last update was 2 days before JDay Denmark
```

Nous avançons petit à petit!

La manipulation donne toujours l'impression d'être impliqué dans un film des années 80, mais bon, ça utilise twitter, fait une requête et affiche les tweets sur une ligne de commande - wow!

UNE APPLICATION WEB

La différence entre nos premiers exemples et une application pouvant être lancée dans un navigateur est l'utilisation du HTML. En effet l'utilisation du HTML permet l'affichage d'une page web dans un navigateur.

Pour notre première application web nous voulons juste afficher son chemin (path) ainsi que la date du jour. Le résultat dans le navigateur devrait ressembler à ceci:

My Web Application
The current URL is http://localhost/jplatform/
The date is 2011-11-21 15:03:11

Pour tester cela, nous avons besoin de 2 fichiers: *index.php* et *application.php*, dans le répertoire *includes/*. Si vous voulez créer une application web basée sur une Joomla! Platform, il faut placer le fichier *index.php* dans le répertoire racine de la Joomla! Platform, et le fichier *application.php* dans un nouveau dossier nommé *includes/*.

```
- build
- docs
- includes
-- application.php
- libraries
- media
- tests
index.php
```

Le code *index.php* exécute les instructions suivantes (*listing 3*). Des morceaux de code sont collectés dans les différentes parties de la plateforme, et l'application est lancée à la fin avec la commande *$app->render();*.

```php
<?php

if (file_exists(dirname(__FILE__) . '/defines.php'))
{
    include_once dirname(__FILE__) . '/defines.php';
}
```

```
// Define some things. Doing it here instead of a file because this
// is a super simple application.
define('JPATH_BASE', dirname(__FILE__));
define('JPATH_PLATFORM', JPATH_BASE . '/libraries');
define('JPATH_MYWEBAPP',JPATH_BASE);

// Usually this will be in the framework.php file in the
// includes folder.
require_once JPATH_PLATFORM.'/import.php';

// Now that you have it, use jimport to get the specific packages your
application needs.
jimport('joomla.environment.uri');
jimport('joomla.utilities.date');

//It's an application, so let's get the application helper.
jimport('joomla.application.helper');
$client = new stdClass;
$client->name = 'mywebapp';
$client->path = JPATH_MYWEBAPP;

JApplicationHelper::addClientInfo($client);

// Instantiate the application.
// We're setting session to false because we aren't using a database
// so there is no where to store it.
$config = Array ('session'=>false);

$app = JFactory::getApplication('mywebapp', $config);

// Render the application. This is just the name of a method you
// create in your application.php
$app->render();
?>
```

Listing 3: index.php

Le code de l'application se trouve dans le listing 4.

```
<?php
// no direct access
defined('JPATH_PLATFORM') or die;
final class JMyWebApp extends JApplication
```

```
{

  /**
  * Display the application.
  */
  public function render()
  {
    echo '<h1>My Web Application</h1>';
    echo 'The current URL is '.JUri::current().'<br/>';
    echo 'The date is '. JFactory::getDate('now');
  }
}
?>
```

Listing 4: /includes/application.php

Si vous avez l'habitude du CMS Joomla! Vous pouvez utiliser les morceaux de code que vous connaissez pour créer votre propre application.

J'ai pris les 3 exemples dans la page de documentation de Joomla![44] et à la fin j'ai été impressionné par les possibilités pour construire de nouvelles applications simplement à partir du code de Joomla!.

APPLICATIONS WEB MULTIPLES

Dans notre premier exemple nous avons installé exactement une application web sur une Joomla! Platform. Si c'est ce que vous souhaitiez, c'est parfait. Mais imaginez que vous ayez plusieurs applications à lancer sur une même installation de Joomla! Platform. Dans ce cas vous avez besoin d'un fichier supplémentaire *bootstrap.php* (*listing 5*) et de la structure de répertoires suivante:

```
- build
- docs
- libraries
- media
- tests
- cli <- only if you have cli apps
- web <- the folder for the web apps
-- myapp <- the folder of one app
--- includes
---- application.php
--- index.php
-- anotherapp <- the folder of another app
--- includes
---- application.php
--- index.php
```

---

[44] http://docs.joomla.org/How_to_create_a_stand-alone_application_using_the_Joomla!_Platform

- bootstrap.php

Le fichier *bootstrap.php* contient une seule ligne de code indiquant à votre application le chemin vers le répertoire *libraries/* de Joomla!

```php
<?php
require dirname(dirname(__FILE__)).'/jplatform/libraries/import.php';
```

Listing 5: bootstrap.php

PLUS DE RESSOURCES

Il y a un endroit sur GitHub où tous les exemples sont rassemblés (https://github.com/joomla/joomla-platform-examples).

Ils sont organisés de la même manière que celle présentée au dessus pour les applications multiples.

Vous pouvez télécharger, extraire, et exécuter ces exemples dans le répertoire de votre Joomla! Platform.

Chapitre 12

Erreurs les plus courantes

Photo: http://www.flickr.com/photos/mike9alive/3630395512 CC-BY-2.0

Commencer le développement de logiciel est difficile. Il y a tant de concepts, d'idées, de manières de faire, d'outils et de contraintes.

Vous êtes habituellement si heureux simplement lorsque votre programme fonctionne. Une instruction de code n'est pas si compliquée que cela. Et même si l'exemple du «Hello World» fonctionne toujours bien, quand vous essayez de résoudre de «vrais» problèmes, vous êtes souvent perdu et après un moment vous commencez à tout essayer pour que cela fonctionne.

C'était la même chose pour moi lorsque j'ai écrit ce livre.

J'ai rencontré de nombreuses situations où je ne savais pas " Quelle est la meilleure méthode!".

Et souvent, il n'y a pas "une meilleure méthode". Les gens ont souvent répondu à mes questions concernant mon code par:

> *Et bien ça dépend... tu peux faire ceci comme ça ou comme ça mais sois prudent, il peut y avoir des effets de bord...*

Le 13 novembre j'ai vu ce tweet de Radek Suski[45]:

---

[45] http://twitter.com/#!/RadekSu/status/135740923949756416

If I see this: http://wklej.org/id/624970/ I think we really need some kind of certification authority for Joomla! developers. #Fail

Je lui ai demandé si nous pouvions écrire un chapitre sur ce sujet et deux semaines plus tard j'ai reçu sa liste des erreurs les plus courantes.

LA LISTE DE RADEK SUSKI DES ERREURS LES PLUS COURANTES.

Récupération de données dans une requête

L'erreur la plus courante rencontrée par les programmeurs novices de Joomla! se trouve dans la méthode avec laquelle ils récupèrent les variables dans une requête HTTP:

```
$id = $_REQUEST[ 'id' ];
```

Cette méthode, en plus de ne pas être valide, laisse indéterminé le type de requête utilisée pour récupérer les données.

Si vous développez une nouvelle extension Joomla!, vous devez vous assurer de la manière dont les données sont récupérées. Par exemple, si ces données sont envoyées depuis un formulaire, il est très probable qu'elles soient transmises à l'aide d'une méthode POST.

Dans ce cas, il est plus approprié d'utiliser cette méthode:

```
$id = $_POST[ 'id' ];
```

Cependant, cette variable reste non valide. Heureusement, le Joomla! Framework fournit une classe pour gérer la récupération de données d'une requête HTTP.

```
$jInput = JFactory::getApplication()->input;
// From GET
$id = $jInput->get->get( 'id', 0, 'INT' );
// From POST
$id = $jInput->post->get( 'id', 0, 'INT');
```

Comme vous pouvez le voir, ces données sont ici récupérées dans un entier, mais il existe de nombreux autres filtres de validation.

Pour plus d'informations, vous pouvez visiter: http://docs.joomla.org/ JInput_Background_for_Joomla_Platform

Connexion à la base de données

Si vous avez besoin de vous connecter à la base de données, vous pouvez utiliser une méthode comme celle là:

```
$dbConn = mysql_connect( 'address', 'login', 'password' );
$db = mysql_select_db( 'table', $dbConn );
$query = "SELECT `data` FROM `jos_my_table` WHERE `name`='{$myName}'";
$results = mysql_query( $query );
```

Tout d'abord cela ne fonctionnera pas sous Joomla! car vous ne connaissez ni le nom de la base de données, ni les identifiants permettant de s'y connecter. Et d'ailleurs vous n'en avez pas vraiment besoin.

Voici comment cela fonctionne sous Joomla!:

```
// get database object
$db = JFactory::getDbo();
```

```
// get new query
$query = $db->getQuery( true );
// what to select
$query->select( 'data' );
// from which table
// do not use fixed db prefix - the #__ will be replaced with the right
one
$query->from( '#__my_table' );
// what is the condition
// do not forget to escape any variable you're passing to the SQL-Query
$query->where( 'name=' . $db->escape( $myName ) );
// set the query
$db->setQuery( $query );
// and load result
$results = $db->loadResult();
```

Pour plus d'information, visitez: http://docs.joomla.org/JDatabase

Opérations sur les fichiers

Comme Joomla! propose un FTP-Layer afin d'éviter les problèmes liés à la configuration de certains serveurs, il n'est pas recommandé de lire et surtout d'écrire dans un fichier en utilisant directement les fonctions natives PHP. A la place, les opérations sur les fichiers (création d'un fichier, copie, création d'un répertoire) devraient être implémentées à l'aide des méthodes Joomla!.

Donc, à la place de:

```
$content = "My content";
file_put_contents( $content, 'my_file.txt' );
mkdir( 'new_folder' );
copy( 'my_file.txt', 'new_folder/my_file.txt' );
```

Utilisez plutôt:

```
jimport( 'joomla.filesystem.file' );
jimport( 'joomla.filesystem.folder' );
$content = "My content";
JFile::write( 'my_file.txt', $content );
JFolder::create( 'new_folder' );
JFile::copy( 'my_file.txt', 'new_folder/my_file.txt' );
```

Chargement de styles et de scripts

Si vous souhaitez ajouter des fichiers JavaScript ou CSS, ou des déclarations CSS, la méthode pour faire cela dans Joomla! est assez simple.

```
// get current document instance
$document = JFactory::getDocument();
// add CSS style declaration
$document->addStyleSheet( 'media/css/my_style.css' );
```

```
// add some CSS inline declaration
$document->addStyleDeclaration( 'div#myDiv { border-style: solid; }' );
// add script file
$document->addScript( 'media/js/my_script.js' );
// add inline script declaration
$document->addScriptDeclaration( 'function foo( id ) { alert( id ) }' );
```

Pour plus d'information, visitez: http://docs.joomla.org/Category;JDocument

Envoi d'emails

Comme Joomla! supporte déjà différentes méthodes pour la communication par email, il n'est pas recommandé d'envoyer des emails en utilisant directement les fonctions natives PHP.

Voici la méthode que vous connaissez probablement:

```
$to = 'nobody@example.com';
$subject = 'the subject';
$message = 'Lorem ipsum dolor sit amet, consectetur adipiscing elit.';
$headers = 'From: webmaster@example.com' . "\r\n" .
           'Reply-To: webmaster@example.com' . "\r\n" .
           'X-Mailer: PHP/' . phpversion();
mail( $to, $subject, $message, $headers );
```

Et maintenant comme il est préférable de le faire avec Joomla!:

```
$mailer = JFactory::getMailer();
$mailer->setSender( array( 'webmaster@example.com', 'John Doe' ) );
$mailer->addRecipient( 'nobody@example.com' );
$mailer->setSubject( 'the subject' );
$mailer->setBody( 'Lorem ipsum dolor sit amet, consectetur adipiscing
elit.' );
$mailer->Send();
```

A mon avis la méthode Joomla! est beaucoup plus élégante. Pour plus d'information, visitez: http://docs.joomla.org/How_to_send_email_from_components

Traitement des informations utilisateur

Lors de l'écriture d'un script, nous avons parfois besoin de stocker des informations sur un utilisateur comme, par exemple, le choix de la commande, les préférences, et tant d'autres. En principe , nous avons tendance à utiliser les cookies HTTP pour stocker de telles données. Cependant les cookies sont limités dans leur fonctionnalités et les dernières techniques du HTML5 ne sont pas entièrement supportées pour le moment.

Le Joomla! Framework offre une excellente solution à ce problème. De plus, l'aspect agréable de cette fonctionnalité est que nous n'avons pas besoin de nous soucier du type de données à stocker. Donc nous pouvons aussi bien stocker une chaine de caractères, un tableau, ou encore un objet.

```
$app = JFactory::getApplication();
// store state data
$app->setUserState( 'my_id', $myVar );
// get stored data
```

```
    $var = $app->getUserStateFromRequest( 'my_id', 'my_id_in_request', 0,
'int' );
```

De plus, notez que la méthode "getUserStateFromRequest" mettra à jour la variable d'état de l'utilisateur, si une requête HTTP (GET ou POST) contient l'index "my_id_in_request" donc en résumé vous n'avez même pas besoin de mettre à jour l'état manuellement.

Pour plus d'information, visitez: http://docs.joomla.org/How_to_use_user_state_variables

VOTRE LISTE D'ÉRREURS LES PLUS COURANTES

J'aimerais étoffer d'avantage cette liste. Si vous connaissez une érreur courante, S'il vous plait, postez là comme commentaire [46] ou contactez moi [47].

---

[46] http://cocoate.com/jdev/common-mistakes

[47] http://cocoate.com/contact

Chapitre 13

Publiez votre extension dans l'annuaire d'extensions Joomla!

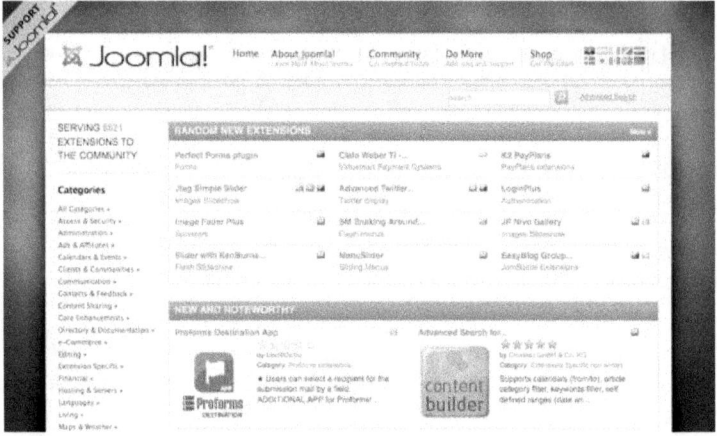

Pour proposer votre extension à des millons d'utilisateurs de Joomla! vous pouvez vous servir de l'annuaire d'extensions de Joomla! (Joomla! extension directory (JED)) . Le JED C'est l'endroit où vous trouverez plus de 8,000 extensions pour améliorer les possibilités du noyau Joomla! . Après s'être inscrit sur le site JED, chaque utilisateur est autorisé à soumettre une extension.

L'annuaire est maintenu par une équipe de bénévoles[48]. Le JED a son propre espace dans les forums Joomla! appelé Extensions.Joomla.org - Feedback/Information[49].
L'équipe fournit également un support sous forme de tickets pour les membres de la communauté avec des fiches dans le JED. Ils utilisent un composant gestionaire d'aide Joomla![50] pour gérer les tickets de support.

Le répertoire lui-même est construit en utilisant l'extension Joomla! Mosets Tree[51]. Il est structuré par des catégories à trois niveaux. L'arborescence complète des catégories entière est utilisée comme menu sur le site.

---

[48] http://extensions.joomla.org/component/content/article/30

[49] http://forum.joomla.org/viewforum.php?f=262

[50] http://www.imaqma.com/joomla/helpdesk-component.html

[51] http://extensions.joomla.org/extensions/233/details

Vous pouvez effectuer des recherches sur l'annuaire en utilisant directement le champ de recherche pratique ou vous pouvez utiliser la recherche avancée avec la possibilité de filtrer selon différents paramètres(*Figure 1*).

Figure 1: Recherche avancée dans le JED

En plus de la recherche, vous avez quelques graphiques et quelques listings comme

- Nouvelles Extensions
- Extensions récemment mises à jour
- Extensions préférées
- Seléction des éditeurs
- Extensions populaires
- Extensions les plus notées
- Extensions les mieux notées
- Extensions les plus vues
- Extensions Hot : Une extension sera affichée comme 'Hot' quand elle a une moyenne de 150 vues par jour ou plus.

PUBLIEZ VOTRE EXTENSION

Afin de pouvoir écrire un chapitre authentique sur l'expérience de publication, j'ai fait moi même un module et ai essayé de le publier.

Pour publier votre extension sur la JED, vous devez vous inscrire sur le site le système classique d'enregistrement Joomla! ou par le login Facebook .

Si vous voulez connaître tous les détails au sujet du processus de édition, ce serait mieux de vous installer devant un thé ou un café et de lire ce document: Publishing to JED[52].

Où est le bouton de soumission ?

Vous ne trouverez ni bouton de soumission ni lien sur la première page. Vous devez naviguer dans la catégorie correspondant à votre extension. Dans cette page de catégorie, vous trouverez le bouton de soumission.

Le formulaire de soumission

Dans le formulaire il vous sera demandé :

• Une description

• Liens vers la page d'accueil de votre projet, l'URL de téléchargement, l'URL de démo, l'URL de la documentation, une page de licence sur votre site, si vous soumettez une extension commerciale et une URL de forum de support.

• La version, la licence, le type de l'extension.

• Le nom et l'adresse email du développeur

Vous devez ajouter le fichier zippé de l'extension et une image pour la fiche.

Dépêchez-vous en remplissant les champs du formulaire, sinon vous obtiendrez un message comme celui-ci, après la soumission

Your session has expired. Please log in again.

Si tout s'est bien passé, vous voyez que votre extension nouvellemnt soumise en d'attente *(Figure 2)*.

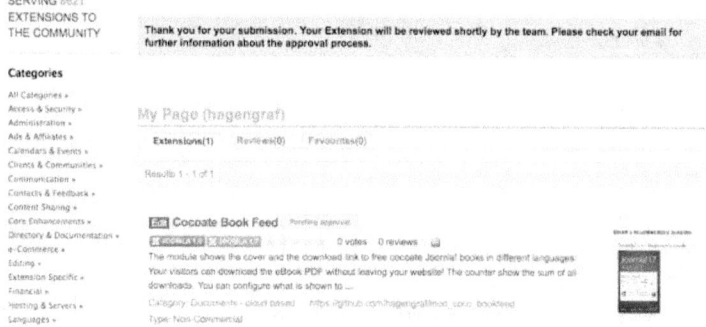

Figure 2: Mon extension en attente

La confirmation par email

Après avoir soumis votre extension, vous recevrez un email joliment stylé contenant beaucoup d'informations. L'information la plus utile pour moi a été :

What are some common errors that many developers miss and publishing is prevented?

The most common errors are:

---

[52] http://docs.joomla.org/Publishing_to_JED

- *Download link does not point to download/product page*
- *Domain or images use the Joomla Trademark and is not registered/approved*
- *Extension is commercial but has not included a link to the Terms or Conditions*
- *Developer attempts to restrict the usage of the extension in some way*
- *Security standards are not followed (index.html in all folders, usage of JEXEC commands)*
- *GPL Notices are missing in PHP/XML*

Et comme il est écrit ici, j'ai oublié le *index.html* dans un dossier:)

Modifier votre soumission

Aprés avoir réparé mon fichier zip avec le *index.html* supplémentaire J'ai regardé s'il était possible de modifier ma demande et effectivement, ça l'est !

Derrière le lien *My Page* dans le JED vous trouvez votre extension. Si vous cliquez sur le lien *Pending approval* le formulaire de soumission s'ouvre à nouveau et vous pouvez modifier tous les champs.

Combien de temps dois je attendre maintenant?

Eh bien, c'est dur. Dans mon cas il y avait la mention suivante

Your extension is currently in queue awaiting review and approval by JED editors.

There are a total of 197 extensions to go through before we review your extension for approval.

Your listing was submitted on 22 November 2011. Listing approval time may be up to 21 days. You may not contact the JED Team inquiring about your approval as all listings will show error codes when reviewed and not approved. If you have questions concerning error codes you receive, please enter a support ticket.

...

J'attends

...

Un mois plus tard

...

12/26/2011 6:51 pm J'ai reçu un email de team@extensions.joomla.org

```
Your new Listing named "Cocoate Book Feed" has been approved!
```

Téléchargez le et installer le immédiatement :) [53]

---

[53] http://extensions.joomla.org/extensions/social-web/social-display/external-widgets/19117

Votre publicité dans Le Guide Pour Débutant
- Développement Joomla!

http://cocoate.com/fr/jdevfr/ad

Chapitre 14

Qu'est ce que c'est que ce GIT?

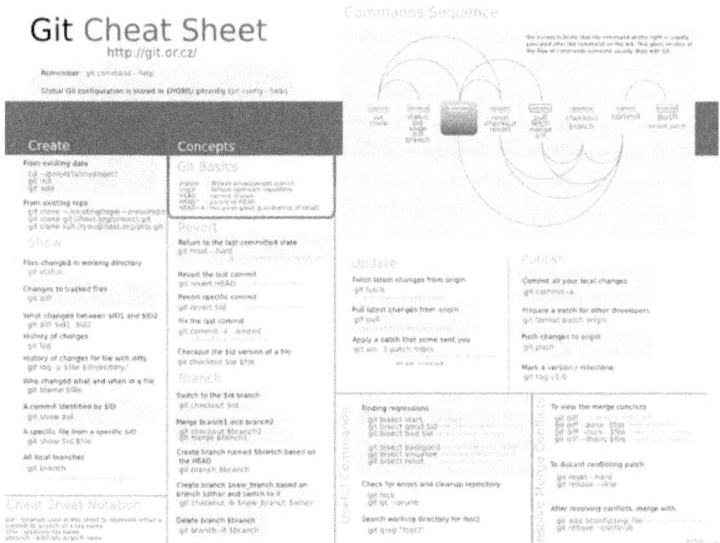

Photo: http://www.flickr.com/photos/caseorganic/5798251460/ CC-BY-2.0

Si vous essayez de développer un logiciel en ayant plus d'un développeur impliqué,vous rencontrez immédiatement des problèmes. Au cours de leur travail, les développeurs changent à chaque fois quelque chose et tous les autres développeurs du projet doivent en quelque sorte se mettre à jour. Si les modifications n'étaient pas aussi bonnes que cela, il devrait y avoir une possibilité de retour à un état antérieur ou de rétablir le code par d'autres moyens. Les problèmes s'accentuent lorsque les développeurs sont répartis sur différentes zone horaires dans le monde entier.

DÉPÔT CENTRALISÉ

La première solution à ce problème est un dépôt centralisé. Ce dépôt est géré par un système de contrôle de révision/version. Les changements sont généralemnt identifiés par un numéro et sont appelés révisions. Par exemple, une première série de fichiers est révision 1. Lorsque le premier changement est effectué, l'ensemble est la révision 2 et ainsi de suite. Chaque révision est associée à un horodatage et à la personne qui fait le changement. Les révisions peuvent être comparées, restaurées et avec certains types de fichiers, fusionnées (*Figure 1*).

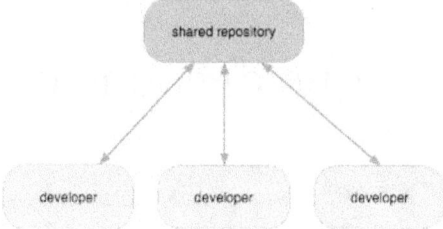

Figure 1: Organisation centralisée du travail (Image https://github.com/schacon/whygitisbetter)

VALIDATION (COMMIT)

Il existe des stratégies variées pour travailler avec différentes versions de code. Un mot important dans ce contexte est validation. Les validations sont des opérations au cours desquelles vous indiquez au système de contrôle des révisions un groupe de modifications comme finalisé et disponible aux utilisateurs. Selon la stratégie du système, les validations sont dites "atomic" ou "file based". Il y a des avantages et des inconvénients à chaque stratégie.

FUSION (MERGE)

Quand avez une grande équipe de développeurs, il arrive souvent qu'ils travaillent sur le même fichier de code source. Après une validation, l'ancien et le nouveau fichier doivent être fusionnés. C'est facilement possible dans les fichiers texte et presque impossible dans les fichiers de média (images, sons, videos).

VERSIONS

La plupart des projets ont des versions différentes du logiciel comme une branche stable et une branche de développement. Par conséquent, il est nécessaire d'avoir une sorte d'étiquetage dans le système.

CONTRÔLE DISTRIBUÉ DE RÉVISION

Le dépôt est toujours central (le dépôt sacré), mais dans un modèle distribué le développeur est autorisé à avoir différentes versions / branches sur son poste de travail local. Le développeur peut décider si ces branches sont publiques ou locales. Cette fonctionnalité a quelques avantages.

Il est possible de :

• créer une branche, essayer une idée, s'amuser avec (valider, effectuer des retours en arrière), puis le fusionner dans le dépôt central.

• avoir des branches des différents états du logiciel.

DÉROULEMENT DÉCENTRALISÉ DES OPÉRATIONS

Depending on the size of the project, there has to be one person (*integration manager*) that pulls the changes of the developers in to the central repository (*Figure 2*).

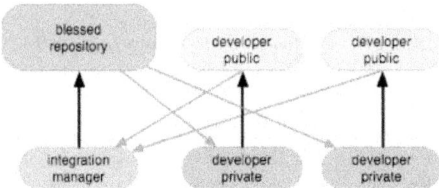

Figure 2: Déroulement décentralisé des opérations (Image https://github.com/schacon/whygitisbetter)

ORGANISATION DE TRAVAIL "DICTATEUR ET LIEUTENANTS"

Si le projet est plus grand, comme c'est le cas pour Joomla!, un autre niveau de hiérarchie est utilisée. Les premiers intégrateurs (*lieutenants*) se servent d'un sous-système pour y fusionner tous les changements. Après quoi l'intégrateur suivant (*le boss ou le dictateur*),qui est le seul capable de fusionner les modifications du sous-système, est responsable du dépôt central (*Figure 3*).

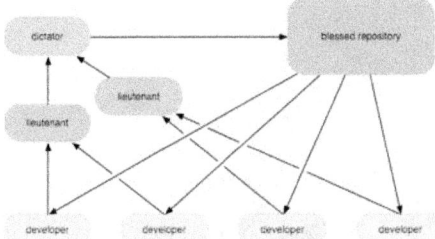

Figure 3: Organisation du travail selon la méthode "Dictateur etLieutenants" (Image https://github.com/schacon/whygitisbetter)

Un logiciel comme GIT est appelé en anglais "distributed revision control system" (DRCS). Une "Distributed version control" ou "decentralised version control" (DVCS) garde la trace des révisions du logiciel et permet à de nombreux développeurs de travailler sur un projet donné sans nécessairement être connecté à un réseau commun.

LE NOM ET L'HISTOIRE

Git a été initialement conçu et développé par Linus Torvalds pour le développement du noyau Linux. Le nom git désigne en argot anglais britannique une personne stupide ou désagréable

> *I'm an egotistical bastard, and I name all my projects after myself. First Linux, now git.*

GITHUB

GitHub est un service d'hébergement web pour le système de contrôle de révision Git. GitHub propose des offres commerciales et des comptes gratuits pour les projets open source. GitHub est une sorte de Facebook ou Google + pour les développeurs, vous adorerez !!

JOOMLA! ET GITHUB

En 2011 le CMS Joomla! et la Joomla Platform ont déménagé vers GitHub - https://github.com/joomla

COMMENT COMMENCER ?

Il suffit de créer un utilisateur sur GitHub et de télécharger le client GitHub pour gérer vos branches en local. Dans votre client de GitHub local vous devez vous connecter et vous pouvez commencer à créer des dépôts. Essayez-le - c'est facile et plaisant (*Figure 4*)

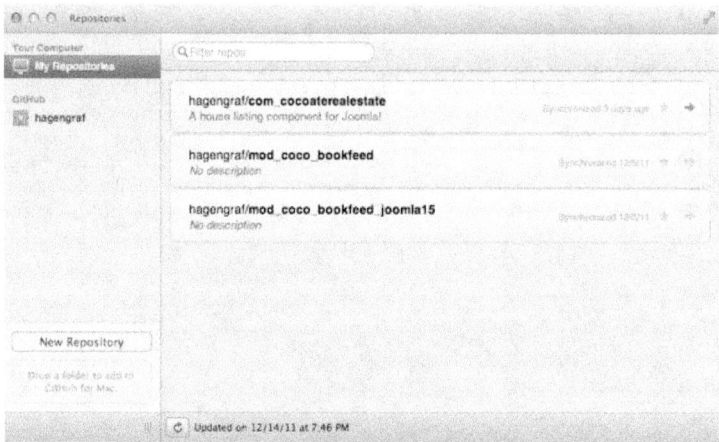

Figure 4: Git Client (OSX)

UN PEU DE LECTURE SUR GIT (EN ANGLAIS)

- Joomla! Documentation: Working with Git and GitHub[54]

- My first Pull Request[55]

- Why Git is Better than X[56]

- Pro Git[57]

---

[54] http://docs.joomla.org/Working_with_git_and_github

[55] http://docs.joomla.org/Working_with_git_and_github/My_first_pull_request

[56] http://whygitisbetterthanx.com/

[57] http://progit.org/book/

Chapitre 15

Contribuer à coder le projet

Quelqu'un doit écrire le code pour Joomla!, Mais comment y contribuer?

Tout d'abord - Le code du CMS et la plate-forme sont stockées ici https://github.com/joomla

"Joomla! project" gére un site pour développeur avec une attention particulière à la mise à disposition d'informations et de road maps de toutes les ressources disponibles pour les développeurs qui seraient intéressés par l'expansion du CMS Joomla! CMS, l'écriture d'applications pour Joomla! Platform ou l'amélioration du Joomla! codebase - http://developer.joomla.org/.

Après avoir cherché et lu, j'ai réalisé qu'un débutant comme vous (et moi aussi) est tout simplement perdu :)

LES RÉSULTATS DE MES RECHERCHES.
Pour moi, il fut difficile de retrouver mon chemin dans les contributions et il semblerait qu'il n'y ait pas de façon clairement définie de comment contribuer au code. Il y en a peut être une, mais je ne l'ai pas trouvée :(J'ai posé la question à quelques personnes[58] et j'ai eu des réponses variées, j'ai donc décidé de relater mon expérience. Avant tout, je voulais comprendre la structure derrière le projet. Alors essayons de se l'imaginer : Quand vous lirez ce chapitre, les choses auront peut être changé. Il a été écrit entre le 13 et le 16 décembre 2011.

L'ÉTAT-MAJOR JOOMLA!
L'équipe dirigeante de Joomla (*Joomla! Leadership Team*)[59] est constituée de tous les responsables des groupes de travail **Joomla Production** et **Joomla Community**. En cas de contribution au code, nous serons plus attentif au **Groupe de Travail de Production**.

---

[58] http://twitter.com/hagengraf/status/146907151917527040

[59] http://www.joomla.org/about-joomla/the-project/leadership-team.html

Groupe de travail de production

Source[60]

- **Tâche:** Créer un logiciel qui est gratuit, sécurisé et de haute qualité — englobe tout ce qui va dans le produit final, non seulement le code mais aussi la documentation, efforts d'internationalisation et de localisation de tous types.

- **Responsables:** Chris Davenport, Christophe Demko, Mark Dexter, Andrew Eddie, Louis Landry, Ian MacLennan, Sam Moffatt, Omar Ramos, Ron Severdia, Jean-Marie Simonet, Andrea Tarr

- **Responsibilités:** Développement de code du noyau, patches, Laboratoires Joomla, Joomla Bug Squad, localisation, internationalisation, Documentation Joomla, sécurité, Google Summer of Code

- **Discussion Publique:** Group:[61]

Équipe de direction de production : Productions Leadership Team (PLT)

La PLT fait partie du groupe de travail de Production[62]. Ces membres sont

- Christophe Demko

- Mark Dexter

- Sam Moffat

- Omar Ramos

- Ron Serverdia

- Andrea Tarr

La PLT elle-même se compose d'une équipe développement et d'une équipe de chasseurs de bugs (bug squad).

J'ai essayé d'imaginer qui sont ces gens et comment ils s'organisent.

J'ai commencé à dessiner une sorte de schéma de cette équipe de développement. Ce n'est bien sûr pas 100% correct, mais c'est ainsi que je l'ai compris (*Figure 1*).

---

[60] http://www.joomla.org/about-joomla/the-project/project-teams.html

[61] http://groups.google.com/group/joomla-wg-production

[62] http://www.joomla.org/about-joomla/the-project/leadership-team.html

Figure 1: Premier projet de la structure

Un très bon aperçu de la situation actuelle a été donnée par Louis Landry aux Joomla! day en Afrique du Sud en août 2011 [63]. Regardez !

Équipe de développement

On fait parfois référence à cette équipe comme les core-committers (les contributeurs centraux). Certains de ces membres font aussi partie de la core-team (équipe principale), mais le terme "core-comitter" renvoie à des membres qui ont des droits complets de modifications sur le code de base de Joomla!. Le groupe de travail de développement vise un développement avant-gardiste, cadre d'une application de gestion de conteu web dernier cri. Ce groupe de travail est la force motrice des nouvelles versions, et c'est elle qui les construit. Avec les autres groupes de travail, nous essayons de réaliser cette ambition[64].

Équipe traqueuse de bugs (Bug Squad Team)

Le travail de la Bug Squad Team est d'identifier et de corriger les bugs dans Joomla!.

J'ai découvert une conférence web enregistrée en juin 2009 par **Mark Dexter** (Responsable du groupe Development Bug Squad). C'est un peu dépassé en termes de versions Joomla! mais je pense que cela montre de façon très sympa l'idée de la Joomla! Bug Squad. Pour moi, c'était un

---

[63] http://vimeo.com/32799900

[64] http://docs.joomla.org/Development_Team

peu compliqué à regarder parce que c'était dans un format « étrange » et j'ai du télécharger et installer des logiciels complémentaires, alors j'ai décidé de la convertir et de la mettre sur Vimeo[65]. Vous trouverez l'enregistrement original sur

http://docs.joomla.org/Webinar:_Overview_of_Tracker_Process.

CONTRIBUER AU CODE D'UNE MANIÈRE TECHNIQUE

Aujourd'hui Joomla! est stockée sur GitHub. Vous pouvez dupliquer le dépot, naviguer dans le code, changer quelque chose et faire en quelque sorte un envoi de proposition.

Vous pouvez voir toutes les demandes ouvertes sur https://github.com/joomla/joomla-cms/pulls. Quelqu'un doit examiner les propositions et les fusionner au noyau. Vous pouvez même visualiser les changements qui sont effectués dans cette proposition.

Exemple: okonomiyaki3000 veux que quelqu'un fusionne 3 modifications dans joomla:master from okonomiyaki3000:master (Figure 2)

Figure 2: Différentes vues pour une demande de contribution sur GitHub

Donc désormais, quiconque intéressé par ce sujet peut commenter et il est possible d'avoir un débat public. Il existe une application qui collecte tous les envois de proposition concernant le CMS Joomla! et la plateforme et qui commence automatiquement à les tester. À la fin, un membre de l'infrastructure décrite ci-dessus doit décider et fusionner cette proposition dans le noyau - par un clic sur le bouton fusionner !

IL N'A JAMAIS ÉTÉ AUSSI FACILE DE PARTICIPER AU JOOMLA! PROJECT ! ESSAYEZ !

Vous trouverez une bonne description documentée sur comment faire une proposition de modification ici : http://docs.joomla.org/Working_with_git_and_github/My_first_pull_request.

PROPOSER DE NOUVELLES FONCTIONNALITÉS

Il est indispensable de parler de nouvelles fonctionnalités. La meilleure façon de le faire est la liste de diffusion. Tous les messages sont publics et à titre d'exemple voici une proposition pour

---

[65] http://vimeo.com/33649720

une nouvelle fonctionnalité.Vous pouvez lire le message et ensuite, la discussion (A notification centre for Joomla![66]) (*Figure 3*) et vous pouvez même essayer par vous-même et potentiellement vous impliquer sur GitHub[67].

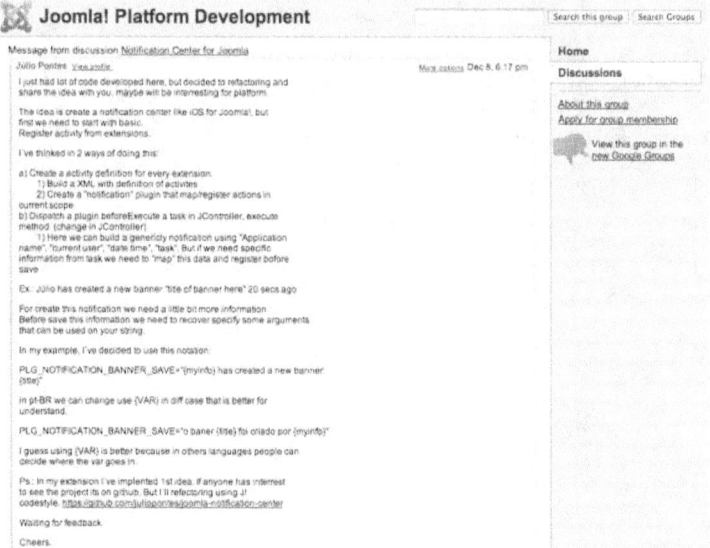

Figure 3: Proposition pour une nouvelle fonctionnalité de Joomla!

VEUILLEZ COMMENTER[68] SI VOUS AVEZ DES LIENS, CONSEILS, IDÉES - JE REGARDE TOUJOURS...

RESOURCES:

- http://docs.joomla.org/Development_Working_Group
- http://docs.joomla.org/Welcome_to_the_Bug_Squad
- http://docs.joomla.org/Bug_Squad
- http://docs.joomla.org/Bug_Squad_Checklist_For_Adding_New_Members
- http://docs.joomla.org/Bug_Tracking_Process
- http://docs.joomla.org/Patch_submission_guidelines
- http://docs.joomla.org/Learn_more_about_patch_files
- http://docs.joomla.org/Creating_a_patch

---

[66] http://groups.google.com/group/joomla-dev-platform/msg/0e0e5d39340f079f

[67] https://github.com/juliopontes/joomla-notification-center

[68] http://cocoate.com/jdev/contribute

Chapitre 16

Localisation avec
OpenTranslators

Photo: http://www.flickr.com/photos/opentranslators

"OpenTranslators"est un nouveau nom dans l'univers Joomla!. Ce chapitre explique le but de ce Projet de la Communauté Joomla! et comment les Développeurs peuvent faire usage de notre expertise afin d'améliorer le produit qu'ils offrent aux utilisateurs finaux de Joomla! CMS & Platform.

En tant que l'un des plus gros Projets CMS, Joomla! est utilisé par des millions d'utilisateurs de partout à travers le monde. Alors que la langue officielle du Projet Joomla! est l'anglais (British English *en-GB*), le nombre d'utilisateurs dont la langue maternelle n'est pas l'anglais dépasse celui des natifs anglophones. En raison de cela, la localisation (adapter un produit à des langues, des cultures ou groupes de personnes) est très importante.

Joomla! lui-même est déjà en cours de traduction dans de nombreuses langues. Ce travail est effectué par les nombreux volontaires travaillant durement dans différentes équipes linguistiques [69]. Grâce à leurs efforts, le CMS est désormais disponible dans de nombreuses langues différentes. Nous les remercions.

---

[69] http://community.joomla.org/translations.html

Pour la plupart des développeurs d'extensions, cependant, la situation est différente. Cela peut être un gros challenge pour eux de traduire leurs extensions. Les développeurs de petites extensions peuvent parfois rencontrer des difficultés à trouver des traducteurs qui pourraient leur effectuer ces traductions. Pour aider nos développeurs d'extension, dont nous apprécions beaucoup le travail, le Projet Open Translators a été lancé. Nous sommes ici pour vous aider à augmenter la facilité d'utilisation de votre produit, en faisant se rencontrer Développeurs et Traducteurs. Nous faisons cela parce que la valeur d'une extension traduite ne doit pas être sous-estimée. Le développeur ainsi que la Communauté bénéficieront tous deux de cette traduction.

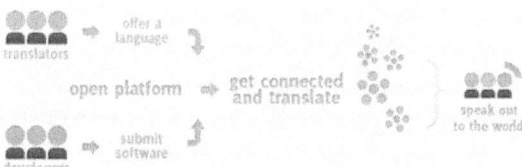

Dans ce chapitre, nous allons vous faire voir comment Open Translators peut vous aider en tant que Développeur. Ce chapitre explique comment fonctionne Open Translators, quels outils nous utilisons, pourquoi nous pensons que la localisation est importante et comment Développeurs et Traducteurs bénéficient de travailler avec nous et vice-versa.

I18N & L10N - POURQUOI ILS SONT IMPORTANTS POUR LES DÉVELOPPEURS D'EXTENSIONS JOOMLA!

En tant que Développeur, votre principal intérêt est de créer le code qui transforme votre brillante idée en une extension fonctionnelle qui pourra ensuite être utilisée dans le CMS Joomla!.

Lors de la création de cette extension unique qu'est la vôtre, il se peut que vous n'ayez pas pris en considération, au-delà de ce que vous voulez partager, le fait que tous les utilisateurs à travers le monde ne partagent pas votre langue maternelle.

Vous pourriez être un natif anglophone et ne pas avoir considéré que votre audience potentielle ne sait pas lire un seul mot d'anglais. Vous n'atteindrez donc jamais ces utilisateurs et/ou clients potentiels.

Mais il y a une solution à cela, et elle se trouve juste au bout de vos doigts. Utiliser les moyens d'internationalisation (i18n[70]) intégrés à Joomla!, les classes Jtext du Joomla framework. Avec peu d'effort vous pouvez vous assurer que votre extension supporte pleinement i18n et est prête pour la localisation (L10n[71]). . En retour, les Traducteurs de n'importe quel langue peuvent maintenant partager leurs traductions facilement, et ce, sans avoir connaissance du langage PHP, en se concentrant seulement sur leur compétence principale qu'est la traduction. Tout cela combiné vous permet d'élargir votre champ d'action, et de rendre votre extension réellement disponible à tous les utilisateurs potentiels.

L'utilisation de Jtext dans vos extensions est expliquée dans *Étape 2 - Base de données, Backend, Langues, Listing 5.*

i18n expliqué dans le contexte Joomla!:

Depuis la sortie de Joomla 1.5, Joomla! supporte pleinement i18n. Cela vient du choix de UTF-8 comme standard, qui facilite le support de caractères étendus. Cela signifie que le noyau de Joomla! peut désormais être entièrement traduit et localisé dans n'importe quel langue, depuis la langue source par défaut, *en-GB*.

Ce qu'il faut considérer pour rendre votre extension compatible avec i18n:

• Tout texte ou chaine de caractères présentés aux utilisateurs doit être traductible (ex: pas de chaine de caractère codée en dur)

• Pensez "multilingue" lorsque vous dessinez l'interface utilisateur de votre extension. Demandez-vous si un mot court en anglais (ou dans votre langue maternelle) ne va pas comporter plus de caractères dans une autre langue

• Rappelez vous que beaucoup d'utilisateurs utilisent un langage LTR (Left To Right) mais que vous pouvez être amené à dessiner en RTL (Right To Left)

L10n expliqué dans le contexte Joomla!:

Parmi les considérations pour rendre votre extension compatible avec i18n, il est également important de garder à l'esprit L10n. La Localisation a un effet important sur la façon dont les utilisateurs perçoivent votre extension. Il y a des aspects locaux et culturels à prendre en considération. La Localisation est la partie où vous permettez au traducteur, à l'intégrateur ou à l'utilisateur final de faire de votre extension une extension entièrement adaptée à ces besoins locaux.

Ce qu'il faut considérer pour rendre votre extension compatible avec L10n:

• Assurez-vous que les spécificités locales telles que la monnaie soient ajustables et fassent partie du i18n. L'utilisation de valeurs codées en dur pourrait rendre votre extension inutilisable dans certaines parties du monde

• Faites que tous les textes présents sur des images soient traductibles. Par exemple vous pourriez avoir des indicateurs montrant "Nouveau" ou "Mise à jour" dans le cadre de la conception de votre extension. Si cela est possible, faites de ces indicateurs des textes afin qu'ils puissent être traduits, plutôt que l'utilisateur ait à remplacer lui-même ces images. Vous pouvez au moins rendre ces images sélectionnables plutôt que de les coder en dur

---

[70] http://en.wikipedia.org/wiki/I18n

[71] http://en.wikipedia.org/wiki/L10n

• Pensez aux couleurs et aux différentes significations qu'elles ont à travers le monde. De nombreuses couleurs signifient différentes idées dans les différentes parties du monde. Faites en sorte qu'il soit facile de localiser les visuels

Liens et autres lectures à propos de i18n et L10n:

• Joomla Documentation: Localisation[72]

• Colour Meanings by Culture[73]

TRANSIFEX

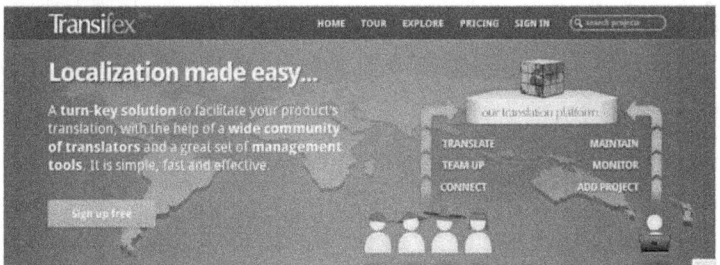

OPENTRANSLATORS

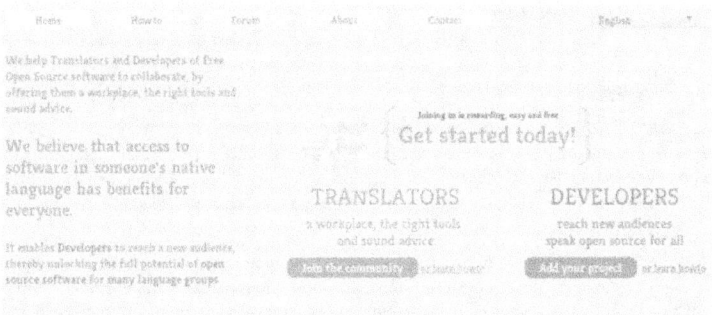

Bien. Vous avez construit votre première extension pour Joomla!. Pas de doute, vous êtes excité et vous souhaitez la partager avec le monde de Joomla!. Mais l'interface utilisateur (les paramètres etc) est écrite en anglais (en-GB), ces fichiers de langue .ini doivent être traduits. C'est ici qu'Open Tranlators peut vous aider.

Un peu d'histoire

---

[72] http://docs.joomla.org/Localisation

[73] http://www.globalization-group.com/edge/resources/color-meanings-by-culture/

Dans le Projet Joomla!, il y a un groupe de traducteurs expérimentés[74] qui produisent (actuellement 49[75]) les traductions localisées du noyau de Joomla!. Avant que OpenTranslators ne commence, chaque développeur d'extension devait "trouver" ses propres traducteurs, en général ils étaient des utilisateurs de l'extension. Cela fonctionnait particulièrement bien pour les extensions les plus grandes, les plus populaires, mais c'était beaucoup plus difficile pour les moins connues soit près de 8000 extensions Joomla!.

Alors que des méthodes plus modernes de traduction devenaient disponibles, permettant aux traducteurs de travailler efficacement et facilement aussi bien en ligne que hors ligne, un groupe de la Communauté Joomla! identifia ce besoin et le Projet OpenTranslators naquit à la fin du mois d'août 2011.

OpenTranslators a choisi d'utiliser Transifex, lui-même un projet Open Source activement développé, comme plateforme pour son hub de traduction. Le noyau de l'équipe d'OpenTranslators, une équipe apportant son expertise en développement de Joomla! additionnée à une vaste expérience en multi-langues, s'est réuni autour de transifex. OpenTranslators est maintenant sponsorisé par Transifex Project, et est désormais doté d'un site web, http://opentranslators.org, le tout dans le but de faire grandir cette équipe de traduction.

Le but ultime de OpenTranslators est d'aider à créer une vibrante, active et expérimentée Communauté de Traducteurs volontaires pour traduire les projets apparentés à Joomla!, pour donner des suggestions et des retours aux Développeurs d'extensions et de projets, et pour encourager et encadrer les nouveaux traducteurs qui rejoignent l'initiative OpenTranslators ainsi que les équipes de Traducteurs de Joomla!. Tout ceci est fait dans le but de rendre Joomla et ses extensions disponibles dans le monde entier dans de nombreuses langues différentes.

> **Note:** *Essayez peut être d'imaginer OpenTranslators comme une "agence de rencontres"! Nous faisons se rencontrer Développeurs et Traducteurs et vice versa. Nous ne contrôlons pas votre projet – c'est votre travail – mais nous vous offrirons aide et conseil si vous en avez besoin.*

OpenTranslators Aujourd'hui – Décembre 2011

OpenTranslators a créé et maintient un réservoir grandissant de Traducteurs volontaires et expérimentés. Tous les développeurs d'extensions et de projets liés à Joomla! peuvent puiser dans ce réservoir simplement en ajoutant leur projet à Transifex, sans l'obligation de gérer des centaines de traducteurs individuellement.

Grâce à leur compréhension du principe de " Communauté volontaire de traducteurs partagés" quelques unes des extensions les plus populaires comme par exemple redCOMPONENT (incluant redSHOP), NoNumber Extensions (incluant Advanced Module Manager) et StackIdeas (incluant EasyBlog) et beaucoup d'autres, ont associé leur projet de traduction et ont encouragé activement leurs Traducteurs existants à rejoindre OpenTranslators. Ensemble et avec la générosité des nombreux Traducteurs volontaires, l'Équipe de Traduction grandit aussi bien dans le nombre de Traducteurs que dans la diversité de langues; apportant avec eux une expérience étendue des traductions techniques, la plupart avec soit l'expérience développeur soit l'expérience utilisateur de Joomla!.

---

[74] http://community.joomla.org/translations.html

[75] http://community.joomla.org/translations/joomla-16-translations.html

L'un des grands avantages de Transifex est que toutes les traductions peuvent être faites "ouvertement" et, avec la dernière version de Transifex, les Coordinateurs d'équipe peuvent nommer des Traducteurs expérimentés pour la relecture des traductions terminées, ce qui assure des traductions de qualité pour votre extension. Combinées avec Translation Memory[76], qui offre aux Traducteurs l'accès à des chaines de caractères déjà traduites, ces traductions apporteront une cohérence entre toutes les traductions d'extension, chose qui était irréalisable avant.

Jetez un œil à quelques projets OpenTranslators présents sur Transifex, regardez leurs ressources, quelles informations elles fournissent. Vérifiez les traductions et regardez-les du point de vue d'un traducteur... et enfin, apprenez comment ajouter votre propre projet d'extension afin qu'il puisse réellement être partagé à travers le monde!

RÉALISATION DE VOTRE PROJET AVEC TRANSIFEX & OPENTRANSLATORS

Photo: http://www.flickr.com/photos/dannychoo/5076700146 (CC BY-SA 2.0)

Dans les paragraphes précédents, nous vous avons présenté OpenTranslators ainsi que notre vision sur la localisation et la traduction. Nous vous avons également présenté Tansifex – la plateforme que nous utilisons pour vous permettre d'entrer en collaboration avec les traducteurs.

Dans cette section nous allons nous focaliser sur vos tâches. Nous vous expliquerons ce que vous devrez faire pour réaliser votre projet ainsi que les choses auxquelles auxquelles vous devrez prêter attention. Gardez à l'esprit que notre site internet propose des manuels détaillés pour les Développeurs – nous travaillons en permanence pour les améliorer pour vous.

Cette section se concentrera sur les points suivants:

1. Prendre contact avec OpenTranslators

---

[76] http://en.wikipedia.org/wiki/Translation_memory

2. Travailler avec le site web Transifex

3. Réaliser votre projet avec Transifex

4. Utiliser le client Transifex pour gérer vos fichiers de traduction

5. Trucs et astuces concernant Transifex, son client, et les fichiers de traduction en général

Nous savons que vous êtes très occupé et peut-être impatient de commencer, alors allons-y !

Prendre contact avec OpenTranslators

Vous pouvez entrer en contact avec OpenTranslators à n'importe quel moment de la réalisation de votre projet (ou après). Mais en général nous conseillons de prendre contact avec nous avant de commencer. Si vous le faites, nous pouvons vous aider en vous indiquant la bonne direction à prendre, pour être sur que vous preniez un bon départ! Il est très important que vous nous alertiez au moment ou vous assignez votre projet sous OpenTranslators.

Vous pouvez contacter OpenTranslators en utilisant Twitter @opentranslators[77], Google+[78], Facebook[79] ou par notre site web[80].

Travailler avec le site Transifex

Comme nous l'avons mentionné auparavant, nous utilisons la plateforme Transifex[81] pour effectuer les traductions d'extension. Avant que vous puissiez commencer un projet vous devez vous enregistrer sur Transifex. C'est un processus simple. L'enregistrement sur Transifex est gratuit, tout comme l'utilisation de Transifex est gratuite pour les extensions Open source et sous licence GPL.

> **Astuce:** *Si vous n'avez pas déjà un nom d'utilisateur connu, il est préférable de vous enregistrer avec votre nom réel ou encore mieux, avec les deux. Nous utilisons souvent Twitter pour communiquer, donc c'est une bonne idée d'ajouter votre nom d'utilisateur Twitter à votre profil Transifex.*

Réaliser un projet

Une fois enregistré sur Transifex, vous pouvez commencer votre premier projet. Nous avons décrit les étapes sur notre site web dans developer 'how to'[82]. Vous pouvez choisir d'utiliser soit la méthode basique soit la méthode avancée pour réaliser votre projet – le résultat sera le même. Lorsque vous réalisez votre projet, gardez ce qui suit en tête:

• **Type de licence:** Lorsque vous créez le projet, vous serez questionné sur le choix du type de licence de votre projet. Assurez-vous d'utiliser "Other Open source" si votre extension est sous licence GPL (avec n'importe quelle version)

---

[77] https://twitter.com/opentranslators

[78] https://plus.google.com/b/103517388838387157233/

[79] http://www.facebook.com/OpenTranslators

[80] http://opentranslators.org

[81] https://www.transifex.net/

[82] http://opentranslators.org/en/how-to

- **Controle d'accès:** Pour affecter vos (vôtres) projet(s) aux équipes de Traducteurs d'OpenTranslators vous devrez réglez votre contrôle d'accès sur "Outsourced access" et sélectionner OpenTranslators

- **Étiquetez votre projet:** Votre projet doit être étiqueté avec "OpenTranslators" sans guillemets. Cela sera plus facile pour les traducteurs de trouver votre projet et de l'identifier en tant que projet qu'il leur a été affecté. Vous pouvez trouver cette option sous "Edit your project". Vous pouvez voir la liste des projets actuellement étiquetés avec OpenTranslator ici.[83]. Vous pouvez également ajouter votre nom comme étiquette (tag) ici ainsi que n'importe quel autre étiquette (tag) de votre choix

- **Utilisez Bing ou Google Traduction pour les traductions automatiques:** Si vous avez une clé API vous pouvez l'activer à l'option "automated translations". L'activation de cette option nécessite une clé API. Les Traducteurs peuvent alors utiliser ces outils pour traduire automatiquement les chaines de caractères avec rapidité et précision quand cela est approprié. Plus d'information[84]

- **Les Autres Outils:** Si vous avez deux extensions ou plus, utilisez Translation Memory[85].

Utiliser le client Transifex

Le client Transifex[86] est un utilitaire de ligne de commande qui vous permettra de gérer facilement et rapidement vos fichiers sources et leurs traductions. Cet outil vous sera essentiel, car il vous fera gagner beaucoup de temps lorsque vous l'utiliserez. En utilisant le client, vous pourrez **push translations** (pousser) vos traductions sur Transifex et **pull translations** (les retirer) sur votre bureau, svn ou Github.

> *Note: "pousser" les traductions peut être traduit par charger/mettre en ligne tandis que "retirer" peut être traduit par télécharger. Vous pouvez également effectuer ces actions manuellement sur le site. Une explication plus détaillée peut être trouvée dans la documentation du Client.*

Si vous avez besoin d'une aide supplémentaire pour l'utilisation du client, vous pouvez poser une question sur notre forum et l'un de nos développeurs pourra vous aider.

Rendre la traduction prête pour être utilisée sous Joomla!

Le but de la traduction est évidemment de la rendre accessible à vos utilisateurs. Vos pouvez choisir d'insérer les fichiers d'extensions dans le pack de votre extension, ou de les proposer séparément en tant que packs de langues à installer. Mais avant d'en arriver là, vous pourriez avoir besoin de faire quelques petits changements sur les fichiers que vous téléchargez depuis Transifex.

Les fichiers de traduction sortis de Transifex (par exemple en utilisant la fonction "pull" du client cité ci-dessus), auront probablement besoin d'un peu de peaufinage ici et là afin de les rendre 100% adaptés à Joomla!. Nous avons déjà posté quelques conseils dans notre sous-forum

---

[83] https://www.transifex.net/projects/tag/opentranslators/

[84] http://blog.transifex.net/2011/12/auto-translate-updates/

[85] http://help.transifex.net/intro/projects.html#translation-memory-exchange-tmx-files

[86] http://help.transifex.net/features/client/index.html

Trucs et Astuces[87]. Si vous rencontrez des problèmes ou avez des conseils à donner sur ceux que vous avez pu rencontrer, vous pouvez les partager en utilisant le forum et nous nous assurerons que nos développeurs expérimentés se pencheront sur votre post.

Liens et autres lectures au sujet de votre projet sur Transifex:

- Pseudo-translations for extension testing[88]

- Transifex 1.2 released December 2011[89]

- Webhooks[90]

- Transifex Glossary[91]

Dans cette section, nous avons couvert certains des outils mis à votre disposition. Cependant, nous n'avons pas mentionné un élément clé qui fera aboutir vos traductions - les bénévoles qui feront la traduction de vos extensions dans leur langue maternelle. La partie suivante vous explique comment vous pouvez «utiliser» les traducteurs et comment ils travaillent.

LES TRADUCTEURS VOLONTAIRES & VOUS

Comment les Développeurs peuvent ils "utiliser" les Traducteurs à travers OpenTranslators sur Transifex

Toutes les équipes linguistiques sont partagées par tous les projets affectés à OpenTranslators. Cela signifie que les développeurs auront accès à des équipes sans cesse grandissantes de traducteurs, tous expérimentés dans la traduction des produits relatifs à Joomla!. C'est

---

[87] http://opentranslators.org/en/forum/10-tips-and-tricks

[88] http://help.transifex.net/intro/projects.html?#pseudo-translation-files

[89] http://help.transifex.net/server/releases/1.2.html

[90] http://help.transifex.net/intro/projects.html?#webhooks

[91] http://help.transifex.net/glossary.html#glossary

particulièrement bénéfique pour les développeurs qui n'ont actuellement pas de système de traduction expérimenté ou bien structuré, ou pas de système de traduction du tout. Les développeurs débutant dans la traduction bénéficieront du réservoir de Traducteurs "OpenTranslators" et apporteront potentiellement de nouveaux traducteurs pour augmenter cette réserve pour les autres.

Les Développeurs qui ont déjà un système en place n'ont rien à perdre en essayant "OpenTranslators". Votre équipe existante pourrait nous rejoindre, dans un véritable esprit Open Source, faisant de la collaboration et de l'expérience nos forces.

Nos équipes de traduction sont disponibles et acceptent les nouveaux Traducteurs ainsi que les nouvelles idées pour améliorer notre "modus operandis" déjà efficace.

Obtenir des retours de la part des Traducteurs

Les différentes équipes linguistiques opteront pour différentes stratégies, par exemple:

- Un Traducteur individuel peut fournir un retour en envoyant un message privé via le système de messagerie Transifex
- Les Traducteurs peuvent fournir un retour en utilisant l'onglet "suggestions" lors de la traduction d'une chaine de caractères sur Transifex
- En postant sur le forum "OpenTranslators"
- En postant un article en relation
- En envoyant des tweets, soit directement au développeur de l'extension, soit via @OpenTranslators
- Lorsque notre équipe de relecteurs Français (fr) sera structurée, elle pourra aider des développeurs non-francophone avec leurs fichiers fr-FR

Dialoguer avec les Traducteurs sur le forum "OpenTranslators"

Notre forum OpenTranslators [92] est le lieu idéal pour l'interaction entre les traducteurs, les coordinateurs et les développeurs. Chaque projet ou suite de projets se voit attribuer son propre forum, et c'est un endroit où chacun peut et va bénéficier de l'apport de chacun, des retours et de la collaboration de tous. Cela aide les nouveaux arrivants à trouver et apprendre à partir des connaissances accessibles à tous.

Encourager et motiver les Traducteurs en "donnant en retour"

Pour encourager les traducteurs à maintenir la traduction d'un projet, la plupart des développeurs d'extensions commerciales offrent à leurs traducteurs une copie du produit sur lequel ils ont travaillé (en se limitant par exemple à 1-3 extensions gratuites (freebies) par équipe linguistique)

Les autres moyens de dire merci et d'encourager les Traducteurs sont les suivants:

- Assurez-vous que vous allez réellement utiliser les traductions
- Écrivez un post ou un article sur votre site web à propos des traducteurs qui ont contribué à la traduction de vos extensions
- Envoyez un "Merci à" sur Twitter, faites un post sur Facebook ou Google+

---

[92] http://opentranslators.org/en/forum

- Assurez-vous de rester en contact avec vos traducteurs en postant sur le forum "OpenTranslators" ou sur le votre et spécialement lorsque que vous sortez de nouvelles versions de votre extension
- Utilisez une des bannières OpenTranslators [93] sur votre site

...mais surtout n'oubliez pas que les traducteurs sont des bénévoles et que la localisation n'est pas possible sans eux.

CONCLUSION

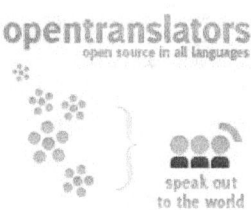

"OpenTranslators" est un projet pour et par les membres de la Communauté Joomla!, qui fait se rencontrer Traducteurs et Développeurs. La Localisation est notre passion, et nous n'aimerions rien de plus que d'aider les développeurs comme vous à s'entraider et à aider leurs clients et les membres de leur communauté, en traduisant leurs extensions dans le plus de langues possibles.

Si vous souhaitez vous servir de notre expérience en traduction et de notre réserve de Traducteurs (actuellement + de 260 Traducteurs dans + de 50 équipes linguistiques) nous vous invitons à nous rejoindre. Collaborer avec "OpenTranslators" est gratuit, simple et sympa. Si nous avons éveillé votre intérêt, nous vous recommandons de consulter notre site, de faire un tour sur Transifex, de lire nos manuels ou de dire "Bonjour" sur notre site, ou sur le réseau social de votre choix. Nous vous attendons avec impatience!

De la part de vos camarades membres de la communauté joomla, l'auipe Open Translators.

---

[93] http://opentranslators.org/en/opentranslators-media-kit

Chapitre 17

written by Alex Andreae

Faire des affaires avec des

Extensions Joomla!

Photo: http://www.flickr.com/photos/73024773@N07/6589595017 (sourcecoast)

Il y a plus de trois ans, j'ai quitté un emploi à temps plein et de me concacrer entièrement au développement Joomla!, en lançant SourceCoast[94] avec un associé. Au début, nous avons commencé à travailler sur commande de clients : installations Joomla, mise en place de sites, insertion de contenu, structuration de site, etc. Cependant, dès le début, nous avons réalisé que nous apprécions la création d'extension et la partie support plus que les va-et-vient avec les clients. Ce que nous ne connaissions pas, c'était quelle était la meilleure façon de commencer à faire des affaires avec le développement d'extension.

---

[94] http://www.sourcecoast.com/

En 2008 et 2009, nous sommes allés à plusieurs événements liés à Joomla! et avons assisté à chaque séance que nous avons pu sur la façon de créer une entreprise autour des extensions Joomla!. Alors que toutes les sessions ont été superbes, elles ont toutes mis l'accent sur l'aspect GPL de Joomla, quelles étaient ses exigences, et les moyens que vous pourriez mettre en œuvre pour «vendre» vos services. Toutefois, chaque discussion s'arrêta net au moment de la mise en marche de l'affaire, de la structure, comment gérer les extensions et les utilisateurs et tout le reste que j'aurai voulu connaitre.

Donc, ce chapitre est notre tentative de contribuer en retour sur ce que nous avons appris, d'abord par l'observation d'autres développeurs et, éventuellement, de nos propres essais et nos propres erreurs. Cela fournira, espérons-le, un aperçu général des tâches au jour le jour que nous passons dans le développement, le soutien, la promotion et des activités poursuivies pour SourceCoast.

LES 4 RÔLES MAJEURS DANS UNE SOCIÉTÉ D'EXTENSIONS.

A SourceCoast, il y a 4 grands domaines sur lesquels nous nous concentrons: la Production, l'Aide, le Business Model/tarifs et la Promotion. Cela exclut les choses les plus banales, comme la tenue de livres et la comptabilité, mais comme nous gérons de mieux en mieux ces 4 domaines, notre entreprise a prospéré.

1. PRODUCTION

The most important thing when running an extension business is obviously having a good product. There are many ways to come up with ideas for extensions, but there are no guarantees that it will gain the traction needed to turn it into a full-blown business.

Pour nous, notre produit principal, JFBConnect[95] (un outil d'intégration de Facebook pour Joomla), a été à l'origine proposé par un de nos clients. Ils voulaient ajouter un bouton de Connexion Facebook sur leur site pour faire se connecter simplement leurs utilisateurs. Nous avons commencé le développement de l'extension d'emblée, et le temps que nous ayons eu fini le premier prototype, le client a décidé de prendre une direction différente. Dans le but de faire un peu d'argent pour notre investissement en temps, et parce que nous avons pensé que c'était une excellente idée dans un marché non saturé, nous avons décidé de commencer à la vendre. c'était une extension basique, mais un excellent point de départ.

Lors du démarrage, d'abord et avant tout, vous avez besoin de commencer petit. Oui, ce serait génial si vous pouviez faire le 'prochain' panier d'achats qui gère l'ensemble des devises, toute les expéditions, et une foule d' autres choses. Cependant, il serait déraisonnable de supposer que vous pouvez faire cela quand: vous êtes encore petits, vous ne faites pas encore de profit avec votre nouveau produit, et n'avez encore aucun retour de vos utilisateurs. Si vous visez trop grand au commencement, vous finirez par vous blesser, même si vous allez au bout. Vous avez besoin de premiers testeurs qui veulent un prix inférieur et moins de fonctionnalités, de sorte que vous pourrez ajoutez d'autres fonctions, nettoyer les bugs, avoir plus de clients et éventuellement augmenter les prix par la suite.

2. BUSINESS MODEL

Une fois que vous avez une extension pour laquelle vous pensez qu'il y a un marché et que cela vaut la peine de la vendre, la prochaine opération, et probablement la plus difficile pour les développeurs est maintenant de commencer à la commercialiser. Établir les prix est la première

---

[95] http://www.sourcecoast.com/jfbconnect/

étape du processus, et il y a une tonne d'idées différentes sur la meilleure manière de fixer les prix:

• Une version grand public gratuite avec un support payant

• Une version grand public gratuite avec une version pro disposant d'une aide

• Une seule version payante, avec une aide

Dans tous les cas cités ci dessus, la version payante est basée selon des périodes d'abonnement. Une fois que vous avez prévu de l'aide dans votre paiement, vous devez fixer un temps limite pour sa durée. une fois que cette période est terminée, puisque l'extension est GPL, l'utilisateur est libre de continuer à l'utiliser. Toutefois, si il veut un support ou a besoin d'une mise à jour (si elle n'est pas disponible en version gratuite), il devra se réabonner. Une durée basée sur une période de temps, un numéro de version, ou quelque chose de similaire est indispensable, sinon vous pourriez finir par aider certains utilisateurs à jamais. Un abonnement "à vie" sonne comme un excellent argument de vente, mais cela finira par vous jouer des tours à long terme.

A SourceCoast, nous avons une philosophie simple pour nos extensions commerciales: nous n'offrons pas de version gratuite, ni grand public. Pour nous, proposer une version gratuite de votre extension dévalorise l'expérience globale, et cela cause plus de problèmes que cela ne devrait (dans l'idéal) en résoudre. Ce que nous avons vu et entendu de la part des développeurs auxquels nous avons parlé, c'est que quand ils ont des versions gratuites, cela produit en général les problèmes suivants:

• **'xyz' est nécessaire!** - Les utilisateurs ont leurs propres idées de ce qui devrait être dans les versions gratuites et pro. Si vous imposez que quelque chose est seulement-pro, certains utilisateurs seront très en colère qu'une telle fonctionnalité ne soit pas incluse dans leur version.

• **Les utilisateurs ne lisent pas d'abord la liste des fonctionnalités** - Si c'est gratuit, ils préfèrent simplement installer et l'essayer avant de comprendre les caractéristiques et les limites. C'est une mauvaise expérience générale pour les utilisateurs, ne leur donne pas une juste idée de votre extension, et ils peuvent finir par vous blesser dans leurs critiques

• **Les heures supplémentaires coûtent!** - Si vous avez une version gratuite et une pro, vous augmentez votre effort de développement, le packaging et le test des deux versions. Ce temps pourrait être mieux dépensé dans une meilleure version.

• **Il est plus difficile de vendre la mise à niveau** - Quand les utilisateurs profitent de la gratuité avec 50 caractéristiques, il est plus difficile de lui vendre les 25 fonctionnalités supplémentaires. Quand ils payent pour les 75 fonctions, ils ont l'impression d'en avoir plus (pour le même prix !)

• **La gratuité peut donner une mauvaise expérience** - Si les utilisateurs se heurtent à des problèmes avec la version gratuite, mais qu'il n'y a pas de support, comment peuvent ils croire que payer les résoudra ?

Bien qu'il existe quelques extensions importantes qui offrent des versions gratuites, ce n'est tout simplement pas comme cela que nous pourrions faire fonctionner notre budget pour une équipe de seulement 2 développeurs. Cela ne veut pas dire que notre façon est bonne pour tout le monde, c'est juste que cela fonctionne pour nous.

Établir les prix

Now that you've decided on a model for your extensions, you actually need to determine the price. Again, from our experience, and contrary to what you might expect, there's one equation that we firmly believe in when it comes to pricing:

Prix les plus hauts == Clients les plus satisfaits

It may sound crazy at first, but ideally, you can get the same amount of total money, from less users. While you may think you want tons of users, think of the benefits that you, and your customers, gain from a higher price and less users:

- **Diminution du support général** - Pour une petite équipe, cela vous donne plus de temps pour vous concentrer sur les utilisateurs qui ont besoin de support. La section support détaille ce plus, mais le support sera l'aspect le plus critique de votre entreprise.

- **Plus de temps pour développer** - Moins de support permet plus de temps pour d'autres choses : la documentation et le développement.

- **Les utilisateurs réfléchissent avant d'acheter !** - Encore une fois, si votre extension est libre ou promets le monde pour 5 $, les utilisateurs vont acheter sans hésitation. Si l'expérience d'un utilisateur n'est pas super, peu importe le prix, ils ne seront pas contents.

- **En payant, les clients comprennent la valeur** - Si vous avez déjà lu certains commentaires sur le JED, ils sont sauvagement incohérentes. Certains utilisateurs attaquent les extensions gratuites. D'autres font en bloc l'éloge d'extensions surestimées qui sont incomplètes. Lorsque vous fixez le prix correctement, vous obtenez au moins que les utilisateurs comprennent que le gratuit n'est pas toujours mieux.

Bien sûr, un prix plus élevé ne signifie pas un prix exorbitant. Chaque marché est différent. Regardez vos concurrents. Regardez leurs fonctions. Regardez leurs prix. Quand nous avons commencé avec JFBConnect, c'était 15 $ pour un ensemble minimal de fonctionnalités. C'était un prix « élevé » sur un marché inexistant à ce moment et pour une extension qui n'avait pas à faire grand-chose, en toute honnêteté. Comme des fonctionnalités ont été ajoutées, nous avons augmenté le prix de 15 $ à 20 $, 30 $ et sommes maintenant à 50 $ pour un abonnement de 6 mois.

Politique de remboursement

Lorsque nous avons commencé, nous avons eu le même sentiment que ce que nous entendions de tant d'autres développeurs : c'est GPL, vous ne pouvez pas rembourser ou les utilisateurs vont vous voler! Pour cette raison, nous avons, comme beaucoup d'autres clubs d'extension , adopté une stricte politique de non-remboursement. Cela faisait sens. C'est un logiciel GPL. Il n'y a aucune vérification de la licence. Il n'y a aucun moyen pour renvoyer l'extension, si un utilisateur obtient un remboursement. Comment pourrions nous éventuellement nous permettre de rembourser ? Il y a 2 grandes réponses : rétrofacturation et confiance dans le client.

Les rétrofacturations sont le fléau de n'importe quel vendeur numérique. Lorsque des utilisateurs achètent un produit par le biais de PayPal (ou tout autre négociant), s'ils contestent ces accusations, vous êtes responsable de prouver que vous avez expédié le produit ou que quelque chose leur a été livré. Les logs de download et les adresses IP ne fonctionnent presque jamais comme preuve, et vous n'avez prévu aucune politique de non-remboursement, alors que faites-vous ? Rien. Et que se produit il ? Le négociant décide contre vous, rembourse l'argent à l'utilisateur et vous frappe également avec des frais de chargeback allant de $20-$60. Ce sont des honoraires des compagnies de carte de crédit pour gérer un conflit contre le fournisseur.

Sans politique de remboursement, c'est la règle des utilisateurs mécontents. Non seulement le négociant annule la vente et vous laisse avec un client mécontent, mais cela finit par vous coûter de l'argent supplémentaire !

Les utilisateurs veulent être assurés que vous avez foi en votre extension et êtes prêts à offrir un remboursement si elle ne correspond pas à leurs besoins. Avoir une politique de remboursement abat à peu près toutes les barrières de la vente et conforte cette confiance du client.

Nos résultats d'une politique de remboursement de 30 jours

A la fin du mois d'août 2010, nous avons augmenté nos tarifs de 60%, passant de 30 $ à 50 $ sur un abonnement de 6 mois et 50 $ à 85 $ sur un 1 an. Dans le même temps, nous avons institué une garantie satisfait ou remboursé de 30 jours. À ce point, le volume de ventes en dollar avait augmenté environ de 20% par mois. En septembre, les ventes étaient en hausse de 13%, et les mois suivants, elles sont revenues à une augmentation de 15-25% mensuelle en moyenne. L'image globale est qu'une augmentation de 60 % de la tarification n'a pas eu un impact substantiel sur le revenu. En outre, cela amène directement à avoir moins de clients, ce qui du point de vue du support et du développement, a été une grande victoire pour nous.

Il est impossible de dire que notre politique de remboursement fut la principale raison que l'augmentation des prix n'ait pas eu d'incidence sur notre chiffre d'affaires global. Depuis lors, cependant, SourceCoast n'a vu qu'une rétrofacturation l'année dernière, alors que nous en aurions reçues un ou deux par mois auparavant, nous épargnant environ $20-50 en frais. Les remboursements sont constamment restés en dessous de 5 % des ventes, et constituent généralement moins de 1% du total des abonnements mensuels. Même avec ces remboursements, nous avons veillé à ce que toute personne qui essaye notre extension soit heureux, ce qui est preuve de bonne volonté et excellent pour la publicité. Si un utilisateur n'est pas satisfait, vous voulez le rassurer afin qu'il ne se plaigne pas publiquement de l'extension ou à de votre entreprise. Laissez-le tout simplement demander un remboursement et passer son chemin.

3. SUPPORT

De loin, l'aspect le plus critique de l'extension est le support que vous fournissez. Même si votre extension a tous les gadgets possibles, et même si elle est extrêmement simple à utiliser, les utilisateurs rencontreront des problèmes. Configurations de serveur, Paramètres de Joomla, Conflits d'extension, appelez les comme vous le voulez. Tous ne seront pas directement de la faute de votre extension, mais la plupart ne le sauront pas, ne le comprendront pas quand vous leur direz, et pour le plus grand nombre, ne s'en soucieront pas. Ils ont payé pour votre produit - Ils attendent légitimement que vous les aidiez à résoudre leur problème quelque soit votre possibilité. Il n'est sans doute pas exagéré de dire que le satisfecit de vos clients viendra du support qu'ils recevront. Sans clients heureux, vous recevrez de pauvres critiques et perdrez sur l'essentielle promotion par le bouche-à-oreille, et donc cela nuira à l'ensemble de vos affaires.

Il y a plusieurs facettes au support, et un grand support ne signifie pas que vous devez être scotché à votre ordinateur toute la journée pour répondre aux questions (bien que vous devrez y être parfois). Pour offrir un support correct, vous devez être préparé à l'avance aux besoins de vos utilisateurs, à travers la documentation, et aussi au moment de la demande à l'aide d'un " support technique".

Documentation

Trés peu, sinon personne, n'aime écrire de la documentation. Si c'est bien fait, avoir de la documentation rendra vos utilisateurs plus heureux et vous fera économiser une quantité énorme de temps. La documentation est universelle. Votre extension elle-même devrait avoir des descriptions claires des paramètres et de ce que chaque réglage devrait faire. Il devrait y avoir des guides d'installation et de configuration pour chaque fonction de votre extension que les utilisateurs pourront parcourir. Il doit y avoir des réponses communes aux problèmes que vous entendez souvent de la part de vos utilisateurs (serveur, configuration, conflits, style, etc), ou des questions anticipant une nouvelle version. Selon votre extension, il pourrait y avoir des guides «avancés» pour l'utilisation de certains appels de fonction ou des renseignements sur comment étendre certaines fonctionnalités.

Surtout, n'oubliez pas que la documentation est un processus continu. Avec chaque version, vous devez évaluer quelles sont les informations dont vous disposez et la réviser si nécessaire.

Support technique

Vos utilisateurs liront ils votre documentation ? Pour l'installation et la configuration, probablement. Pour le support, probablement pas. Lorsqu'ils arrivent avec des questions, vous devez être prêt.

SourceCoast utilise une zone de support technique basé sur un forum, car cela permet aux utilisateurs d' essayer de trouver leurs propres réponses. Si vous utilisez un système de tickets, questions et réponses sont cachées, ce qui donne lieu à la répétition de nombreuses questions. Les forums ne sont pas parfaits, et votre méthode de support technique dépendra de vos besoins.

Une fois que vous commencez à avoir des questions de support technique, le processus devrait être simple. Si votre documentation est parfaite, vous pourrez simplement les diriger vers leur réponse, au lieu de répéter la même réponse à chaque utilisateur. Si la réponse n'est pas facilement disponible, trouver la solution contribue à aider cet utilisateur. Ensuite, déterminez si c'est une question qui peut être posée à nouveau ou a déjà été demandée auparavant, et si oui, ajoutez-la à la documentation pour référence ultérieure.

Si vous avez déjà écrit une réponse détaillée, et que c'est frais dans votre esprit, c'est le moment de l'intégrer!

4. PROMOTION

Une fois que vous avez une extension à proposer, vous devez maintenant en faire sa promotion. C'est toujours intimidant à entreprendre, et il n'y a aucun moyen parfait pour y arriver. Le principal point de la promotion n'est pas nécessairement de faire une vente immédiate. C'est de s'assurer que votre marque soit connue et que lorsqu'un utilisateur a besoin d'acheter chez vous, il se sente déjà familier avec votre entreprise ou votre marque. La promotion est un effort à long terme, et comme tout le reste, doit être affinée avec le temps. Les points suivants sont quelques exemples, des différents moyens gratuits de promouvoir vos produits.

Joomla! Extension Directory

C'est la plus évidente, mais ne doit tout de même pas être surestimée. Etre listé sur la JED ne garantit pas le succès. Cependant, si vous n'y êtes pas présent, les utilisateurs potentiels se demanderont pourquoi, et trouveront d'autres concurrents qui eux le sont. En outre, les critiques reçues ici sont modérées et c'est une excellente façon pour les utilisateurs éventuels d'avoir une opinion objective avant leur achat.

Blog

Vous pouvez utiliser un blog pour publier les nouvelles mises à jour, parler des projets sur lesquels vous travaillez, présenter les sites qui ont commencé à utiliser votre extension, ou tout simplement parler de tout ce qui concerne vos produits. Certains utilisateurs s'abonneront à votre flux afin de se tenir à jour. Vous pouvez soumettre votre blog à des agrégateurs de contenu Joomla comme Joomla! Connect[96] et Joomla! Reader[97]. Chaque sujet posté sur votre blog peut atteindre des milliers d'utilisateurs, et chacun d'eux est un client potentiel!

Réseaux Sociaux

Facebook, Twitter, etc. - vous connaissez le refrain. Comme pour vos messages sur votre blog, tweetez vos mises à jour. Utilisez le bouton LinkedIn Share pour poster votre contenu sur le réseau social professionnel. Ils sont gratuits et ils peuvent toucher un public énorme en nécessitant seulement un petit effort.

5. UN TRAVAIL RIGOUREUX ET DE LA DISCIPLINE PAYE !

C'est une extrême banalité à dire, mais le travail rigoureux, le dévouement envers vos utilisateurs, et l'affinage constant de votre processus sont la clé du succès. Alors que tout ce qui précède a fonctionné pour nous, il nous a fallu des années pour obtenir ce résultat. Il est tout à fait possible que des choix différents, tout au long de ce parcours, auraient pu fonctionner d'avantage. Utilisez cet article comme un guide, mais ne pensez pas que c'est "gravé dans la pierre".

---

[96] http://connect.joomla.org/

[97] http://joomlareader.com/

Chapitre 18

Qu'est-ce que PHP?

Photo: http://www.flickr.com/photos/myhsu/3040774379 CC-BV-2.0

PHP est un langage de scripts libre principalement utilisé pour produire des pages Web dynamiques via un serveur HTTP, mais pouvant également fonctionner comme n'importe quel langage interprété de façon locale, en exécutant les programmes en ligne de commande. PHP est un langage impératif disposant depuis la version 5 de fonctionnalités de modèle objet complètes. En raison de la richesse de sa bibliothèque, on désigne parfois PHP comme une plate-forme plus qu'un simple langage.

PHP a été initialement créé par Rasmus Lerdorf en 1995. La mise en œuvre principale de PHP est désormais produit par le groupe PHP et sert de norme de facto pour PHP comme il n'existe aucune spécification formelle. PHP est un logiciel libre distribué sous licence PHP qui est incompatible avec la GNU General Public License en raison de restrictions sur l'usage du terme PHP.

Bien que PHP signifiait à l'origine "Personal Home Page", il est maintenant présenté comme: "PHP: Hypertext Preprocessor", une acronyme récursive.[98].

La dernière version stable de PHP est la version **5.3.8** qui a été publié en **Août 2011**.

---

[98] http://en.wikipedia.org/wiki/Php

Joomla! Est écrit en PHP. Des milliers de fichiers qui contiennent du PHP ont été écrits au cours de ces dernières années. Joomla! contient plus de 500 000 lignes de code PHP. Cela nécessiterait 244 personnes travaillant à l'année pour le développer! (coût estimé de Joomla![99])

Lorsque Joomla! a été fondé, les développeurs utilisaient principalement PHP4.x qui était alors très courant. Cela a été un challenge de réécrire tout le code existant en utilisant aussi bien que possible les caractéristiques du PHP 5.x

Je vous propose un bref aperçu de PHP. Si vous avez déjà suivi un cours de programmation lors de vos études, vous vous souviendrez de la plupart de ces explications. Si vous débutez tout juste, regardez simplement et essayez de comprendre le code. Les fichiers d'exemples sont attachés à la fin de cette page. C'est une excellente idée d'essayer ces différents exemples sur votre propre machine.

OÙ EST MON PHP?

Si vous utilisez un bundle LAMP, PHP est inclus. Habituellement, c'est un fichier binaire, attaché au serveur web Apache en tant que module. Lorsque vous démarrez le serveur web, PHP est prêt à fonctionner. PHP a une fonctionnalité appelée phpInfo. Cela montre la configuration de tout ce qui est lié à votre traducteur PHP. Dans MAMP, vous pouvez cliquer sur la fonction phpinfo pour afficher cette page(*Figure 1*).

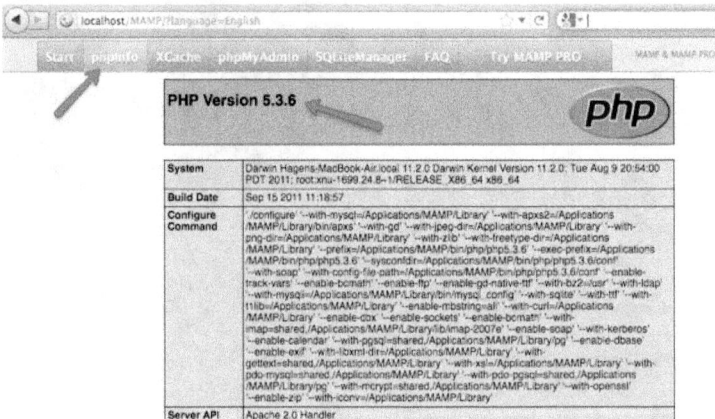

Figure 1: phpinfo via MAMP

C'est très simple de reproduire la même chose vous même. Il vous suffit de créer un fichier vide avec comme nom *phpinfo.php* (le nom importe peu, cela aurait pu être *joomlarocks.php*) dans votre éditeur et tapez ce code (*Listing 1*).

```
<?php
phpinfo();
?>
```

Listing 1: phpinfo.php

---

[99] http://www.ohloh.net/p/joomla/estimated_cost

Placez le fichier dans le dossier situé dans le répertoire */htdocs* , puis accédez via *http://localhost/* et cliquez sur le nom du fichier (*Figure 2*).

Index of /php

- Parent Directory
- phpinfo.php

Figure 2: Répertoire du serveur web

Attention:

Selon le bundle LAMP que vous utilisez

- le domaine localhost est liée à différents ports. Le réglage par défaut avec MAMP (p.e.) est port 8888 et vous devez écrire *http://localhost:8888*. Vérifiez votre port dans la documentation. Si c'est le port 80 c'est le port par défaut utilisé sur l'"Internet" et il n'est pas nécessaire de l'écrire. *http://localhost:80* revient au même que *http://localhost*

- Généralement, vous voyez un répertoire en accédant à *http://localhost*. C'est la configuration de votre serveur Apache. Si vous ne voyez aucun répertoire, créez un dossier supplémentaire dans */htdocs* p.e. php et accédez-y via *http://localhost/php*. Si vous ne voyez toujours pas de répertoire, accédez au fichier directement via *http://localhost/php/phpinfo.php* et cherchez une solution dans la documentation de votre bundle LAMP.

Comme vous le voyez, la programmation PHP commence très simplement :) Tout script PHP est construit en une série de déclarations.

HELLO WORLD

Si vous ne l'avez pas fait jusqu'à présent, veuillez créer un dossier nommé php dans le dossier *htdocs* de votre serveur. Commençons par l'exemple *hello world* (*Listing 2*).

```php
<?php
print('Hello World');
// or
echo 'hello World';
?>
```

Listing 2: hello.php

L'interprète de PHP exécute seulement le code de PHP situé à l'intérieur des séparateurs. Tout ce qui se trouve à l'extérieur de ces séparateurs n'est pas interprété par PHP.. Les séparateurs sont configurables mais les plus communs sont <*?php* pour ouvrir et *?*> pour fermer les sections PHP. Si vous pensez que créer du code PHP pour un siteweb est plus réaliste, un exemple serait quelque chose comme le *listing 3*. Dans ce listing vous pouvez voir le mélange typique de HTML (HTML5) et PHP.

```html
<!DOCTYPE html>
<html>
<head>
  <meta http-equiv="Content-Type" content="text/html; charset=UTF-8" />
```

```
  <title>Your Website</title>
</head>
<body>
<header>
  <nav>
    <ul>
      <li>Your menu</li>
    </ul>
  </nav>
</header>

<section>
  <article>
    <header>
    <h2>Article title</h2>
      <p>Posted on <time datetime="<?php echo gmdate("Y-m-d\TH:i:s") ?>"><?
php echo date(DATE_RFC822);?></time> by <a href="#">Author</a></p>
    </header>
    <p>... some text</p>
  </article>
</section>
</body>
</html>
```

Listing 3: hello_html5.php

PHP n'est pas compliqué, le principal problème est de comprendre la bonne syntaxe et les concepts généraux.

VARIABLES

Une variable est un nom symbolique pour un morceau de données. L'idée qui est derrière est d'avoir un nom ou une sorte de "pointeur" pour ces données afin de pouvoir les utiliser dans un script. Les données de la variable peuvent changer dans un script (*Listing 4*).

```
<?php
$date = date('Y-m-d')
print($date);
// or
echo $date;
?>
```

Listing 4: variable.php

FONCTIONS

PHP possède beaucoup de fonctions déjà intégrées comme *print()* ou *phpinfo()*. Mais le réel pouvoir vient des fonctions "self made" qui sont taillées pour vos besoins. Dans le listing 5 vous pouvez voir un exemple de "self made" fonction. Dans votre navigateur, le résultat sera

The date is 2011-11-02.

```php
<?php
// this is the function
function writeDate()
{
   echo date('Y-m-d');
}
// this is the main script
echo "The date is ";
writeDate();
?>
```

Listing 5: function.php

PARAMETERS

Il est possible d'utiliser des paramètres dans les fonctions et en de nombreux autres endroits. Dans l'exemple du *listing 6* nous utilisons deux paramètres. Les premier de ces paramètres est le format de la date (*$format*) et le second paramètre est la ponctuation (*$punctuation*). Les paramètres peuvent être utilisés comme des variables dans les fonctions.

```php
<?php
// this is the function
function writeDate($format, $punctuation)
{
   echo '- <strong>'.$format.'</strong> the display will be ';
   echo '<strong>'.date($format).'</strong>' . $punctuation.'<br />';
}

// this is the main script
echo 'If you write something like: <br/> ';
writedate('Y-m-d',',');
writedate('H:i:s',',');
writedate('m.d.y','.');
writedate('l jS \of F Y h:i:s A','.');
?>
```

Listing 6: parameter.php

Dans votre navigateur, cela devrait ressembler à ça:

If you write something like:

- Y-m-d the display will be 2011-11-02,

- H:i:s the display will be 18:32:33,

- m.d.y the display will be 11.02.11.

- l jS \of F Y h:i:s A the display will be Wednesday 2nd of November 2011 06:32:33 PM.

Valeurs retournées

Parfois, vous souhaitez externaliser des morceaux de code à différents endroits. Par exemple un calcul. Une des possibilités est d'utiliser une fonction. Le code de votre fonction est toujours le même mais la valeur retournée dépend du paramètre donné.

```php
<?php
function add($x,$y)
{
  $result=$x+$y;
  return $result;
}
echo "13 + 27 = ".add(13,27);
?>
```

STRUCTURES DE CONTRÔLE

PHP fournit les "suspects habituels":

If Else

Si une expression est vraie comme $a>$b exécute une instruction . Si non ... else ... alors exécute une autre instruction.

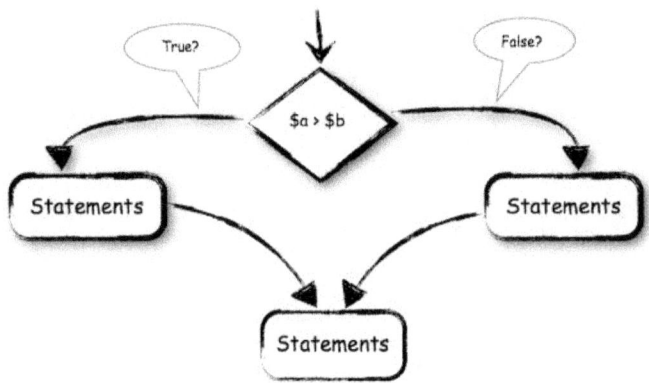

```php
<?php
if ($a > $b) {
  echo "a is greater than b";
} else {
  echo "a is NOT greater than b";
}
?>
```

If Elseif

Dans cette construction, il est possible de demander deux fois if ... elseif ... else.

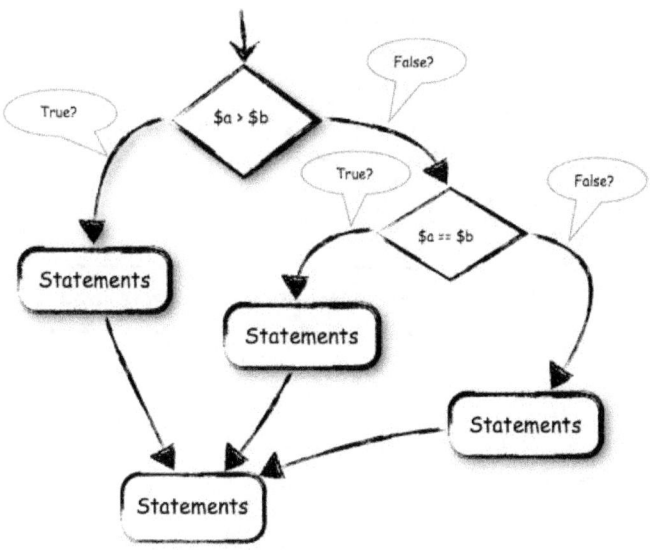

```php
<?php
if ($a > $b) {
    echo "a is bigger than b";
} elseif ($a == $b) {
    echo "a is equal to b";
} else {
    echo "a is smaller than b";
}
?>
```

While

La boucle while exécute la déclaration aussi longtemps que l'expression while est JUSTE (TRUE).

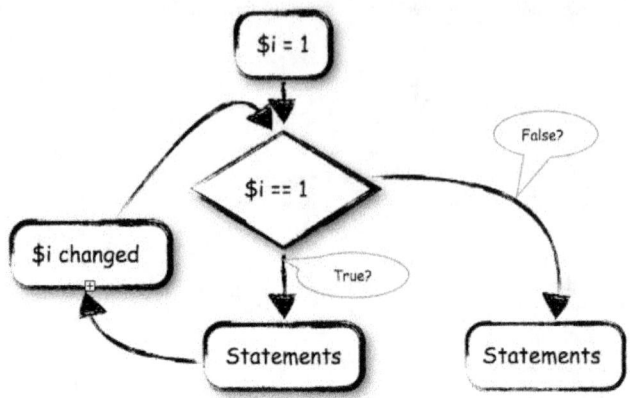

```php
<?php
$i = 1;
while ($i <= 10){
    echo $i;
    $i++;
}
?>
```

Foreach

Foreach interagit sur les tableaux (array) et ne fonctionne que sur les tableaux. Un tableau est une liste de valeurs.

```php
<?php
$a = array(1, 2, 3, 17);
foreach ($a as $v) {
    echo "Current value of \$a: $v.\n";
}
?>
```

Switch

L'instruction *switch* est similaire à une série d'instructions *if* dans la même expression. Si vous souhaitez comparer la même variable (ou expression) avec beaucoup de différentes valeurs, l'instruction *switch* est plus élégante qu'une suite de instructions *if*.

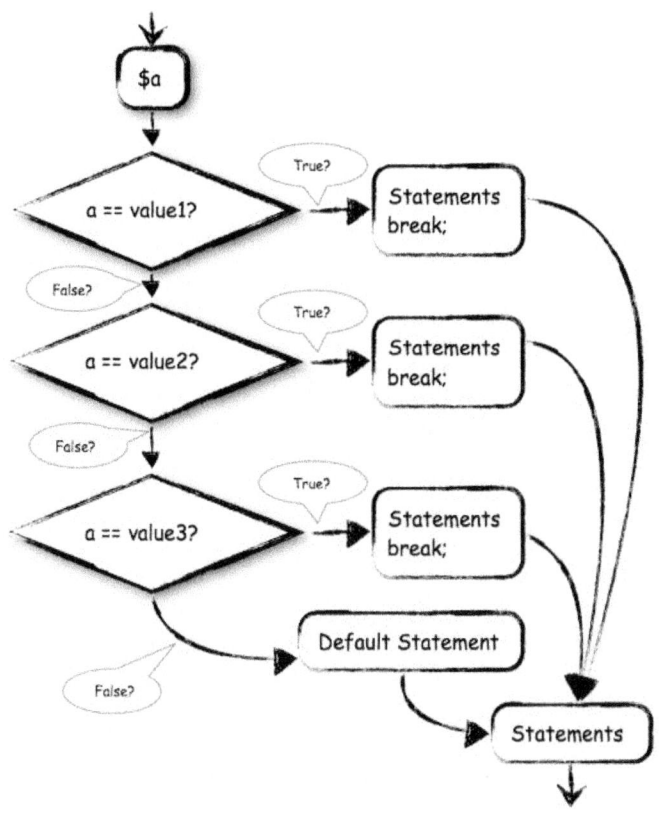

```
<?php
switch ($i) {
    case 0:
        echo "i equals 0";
        break;
    case 1:
        echo "i equals 1";
        break;
    case 2:
        echo "i equals 2";
        break;
}
```

```
?>
```

CLASSES

La principale différence entre PHP4 et PHP5 était la réécriture de l'objet modèle. Lisez le chapitre *Qu'est ce que la programmation orientée objet ?* pour plus d'information sur ce sujet. Un exemple basique devrait ressembler au *Listing 7*.

```
<?php
class Car {
    public $colour;
    public $brand;
    public $image;

    public function __construct($colour, $brand, $image) {
        $this->colour = $colour;
        $this->brand  = $brand;
        $this->image  = $image;
    }

    public function startEngineMethod() {
         return '<img src="'. $this->image .'"> The ' . $this->colour . " " .
$this->brand . " starts its engine.";
    }
}


$her_car = new Car('red', 'Ferrari', 'http://farm4.static.flickr.com/
3004/2541945935_422339cbef_t.jpg'); //Photo by exfordy (CC BY 2.0)
$his_car = new Car('blue', 'Smart', 'http://farm1.static.flickr.com/
66/222092351_c9b93d3286_t_d.jpg'); // Photo by cocoate  (CC BY 2.0)
$other_car= new Car('','Volkswagen',    'http://farm4.static.flickr.com/
3040/2746837856_7acb6535c0_t_d.jpg'); // Photo by Glen Edelson  (CC BY 2.0)

echo $her_car->startEngineMethod(); // prints "The red Ferrari starts its
engine."
echo '<hr />';
echo $his_car->startEngineMethod(); // prints "The green Triumph starts its
engine."
echo '<hr />';
echo $other_car->startEngineMethod(); // prints "The Volkswagen starts its
engine."
?>
```

Listing 7: class.php

Le résultat dans le navigateur ressemblera à la *figure 3*.

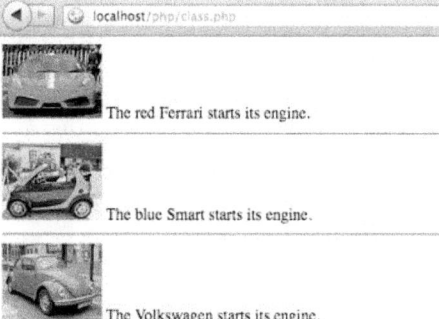

Figure 3: Output of class.php

La meilleur référence pour PHP est de loin php.net[100]. Si vous êtes curieux, "jouer" avec PHP et faites autant d'essais que vous pouvez[101].

---

[100] http://php.net/

[101] Le fichier exemples est téléchargeable http://cocoate.com/jdev/php

Chapitre 19

Qu'est ce que la

programmation orientée objet ?

Photo: http://www.flickr.com/photos/hagengraf/5915246260 CC-BY-2.0

La programmation orientée objet, en anglais Object-oriented programming (OOP) est un paradigme de programmation utilisant des « objets » – structures de données composées de champs de données et de méthodes ayant chacun leurs interactions– pour concevoir des applications et de programmes informatiques. Les techniques de programmation peuvent inclure des fonctionnalités telles que l'abstraction de données, encapsulation, messagerie, modularité, polymorphisme et héritage. Aujourd'hui, De nombreux langages de programmation modernes supportent OOP, au moins en option[102].

Le paradigme OOP veut décrire des structures et des rapports entre les objets comme dans le monde réel !

Certains pensent que c'est la meilleure idée sur Terre depuis le pain en tranches, d'autres disent que c'est le paradigme de programmation le plus surestimé et le plus surfait au monde.

Comme toujours, la vérité est quelque part au milieu.

CLASSES, OBJETS, INSTANCES, PROPRIÉTÉS ET COMPORTEMENT

---

[102] http://en.wikipedia.org/wiki/Object-oriented_programming

Avant de plonger dans le vif du sujet, soyons clairs sur les bases de la POO.

- Une classe est un concept d'un objet
- Un objet est une instance d'une classe
- Une instance a des propriétés (ou attributs) et des comportements (ou méthodes) définis par la classe

Jetez un coup de œil autour de l'endroit où vous êtes assis en ce moment, vous voyez peut-être quelque chose comme *Figure 1*.

Figure 1: Classes et Objets

En POO une classe est un modèle pour un objet / instance. Dans notre exemple la classe" fille" est le modèle général pour toutes les filles et la classe "garçon" pour tous les garçons. Nous avons seulement deux classes (modèles) et tous les filles et garçons (objets) sont basés sur elles.

```
class girl {

}


class boy {

}
```

ATTRIBUTS/PROPRIÉTÉS

Chaque fille et chaque garçon ont des attributs. Ces attributs s'appellent souvent propriétés. Le sens précis de ces termes dépend souvent de quel système/langue/univers nous parlons. En HTML, un attribut est la partie d'une balise avec une sorte de clé et une valeur et propriété ne veut pas dire quoi que ce soit, par exemple. Souvent, un attribut est utilisé pour décrire le mécanisme ou du la chose monde réel. Une propriété est utilisée pour décrire le modèle. Dans la classe exemple, nous utilisons les propriétés $eyecolor$ et $name$.

```
class girl {
  //properties
   public $eyecolor;
   public $name;
}

class boy {
   //properties
   public $eyecolor;
   public $name;
}
```

Si vous observez le code source, vous remarquerez que nos classes fille et garçon sont assez similaires. Nous savons que les deux sont différents à bien des égards, mais pour ces exemples, je ne veux pas aller plus loin dans les détails :)

INSTANCIATION

La « naissance » de notre obje fille et garçon est appelée instanciation.L'objet lui-même peut être aussi appelé instance.

```
class girl {
   //properties
   public $eyecolor;
   public $name;
}

class boy {
   //properties
   public $eyecolor;
   public $name;
}
//Instantiation
$harold = new girl('brown', 'Harold Chasen');
$maude = new boy('grey', 'Maude Chardin');
```

Le mot new appelle une méthode spéciale, la méthode constructeur. Dans cette méthode, toutes les valeurs données par les paramètres sont configurés pour cette instance exactement. Ces valeurs sont uniques pour chaque instance.

Nous avons créé *$harold* et *$maude* ! Chacun devrait avoir un nom et une couleur d'yeux. Ils sont en quelque sorte "nés" :)

MÉTHODES, COMPORTEMENTS

Maintenant que nous avons créé deux instances, Il serait bon de leur donner quelques compétences, comme la capacité de parler, d'exécuter, de penser ... vous leur donner un nom. Ces compétences sont appelées méthodes en POO. Les méthodes définissent le comportement des instances. Dans l'exemple de code une méthode ressemble techniquement à une fonction. Cette formulation est spécialement prévue pour PHP parce que PHP n'était pas orienté objet dès le début. Heureusement dans d'autres langages une méthode est généralement appelée *méthode*.

```
class girl {
    //properties
    public $eyecolor;
    public $name;

    //constructor is called while instantiation
    public function __construct($eyecolor, $name) {
        $this-&gt;eyecolor = $eyecolor;
        $this-&gt;name  = $name;
    }

    //method
    public function sayName() {
        return 'My name is '. $this-&gt;name;
    }
}

class boy {
    //properties
    public $eyecolor;
    public $name;

    //constructor is called while instantiation
    public function __construct($eyecolor, $name) {
        $this-&gt;eyecolor = $eyecolor;
        $this-&gt;name  = $name;
    }

    //method
    public function sayName() {
        return 'My name ist '. $this-&gt;name;
    }
}

//Instantiation
$harold = new girl('brown', 'Harold Chasen');
$maude = new boy('grey', 'Maude Chardin');
```

DROITS D'ACCÈS

Devant le mot *function* vous voyez le mot *public*. Public est un droit d'accès. Même si nos instances sont virtuelles, elles ont besoin de zones *public* et *private*. Une méthode publique peut être appelé depuis «l'extérieur» de la classe, une méthode privée seulement de «l'intérieur» de la classe. Dans notre exemple, la méthode *sayName* est *public*. Cela signifie que quelqu'un peut appeler *$harold->sayName()* et Harold fera ainsi. La réalité des êtres humains est un peu plus compliquée. Harold devrait apprendre une langue d'abord et puis il aurait besoin d'une méthode de prise de « décision » (ou un mode de réflexion), selon qu'il veuille répondre ou pas. La méthode pour parler d'Harold serait privée en réalité, appelé par la méthode de prise de « décision » parce que Harold ou pour être plus précis la méthode de «décision» d'Harolds déciderait s'il veut parler ou pas.

```
//Instantiation
$harold = new boy('brown', 'Harold Chasen');


//Method call
$harold-&gt;sayName()
```

Le résultat de ce petit script devrait être *"My name ist Harold Chasen"*.

COMMENT UTILISER LE PARADIGME DE LA POO DANS UN SITE WEB?

Dans notre exemple, nous avons une ou plusieurs classes. Ces classes pourraient être stockées dans un fichier ou dans des fichiers séparés. C'est à vous de voir. Disons, nous créons un fichier *girl.php* et un fichier *boy.php* avec la méthode inhérente. Ces classes n'ont pas d'interface utilisateur. Les méthodes seront appelées par un autre script.

Si quelqu'un visite votre site, il peut décider de créer un compte utilisateur. Il remplit un formulaire et clique sur le bouton d'enregistrement. Des valeurs comme le nom seront transférées à la méthode et c'est à ce moment que l'instatiation va se produire. Harold et Maude pourraient être des utilisateurs de nos sites Web par la suite.

Lors de l'écriture des autres chapitres je reviendrai pour définir les termes suivants

Chapitre 20

Qu'est-ce que MooTools?

Home   Download   Docs

MooTools is a compact, modular, Object-Oriented JavaScript framework designed for the intermediate to advanced JavaScript developer. It allows you to write powerful, flexible, and cross-browser code with its elegant, well documented, and coherent API.

MooTools code respects strict standards and doesn't throw any warnings. It's extensively documented and has meaningful variable names: a joy to browse and a snap to understand.

Open Source License

MooTools is released under the Open Source MIT license, which gives you the possibility to use it and modify it in every circumstance.

Browser Compatibility

MooTools is compatible and fully tested with Safari, Internet Explorer 6+, Firefox, Opera, and Chrome.

http://mootools.net/

MooTools est un Framework JavaScript. Le nom de MooTools est dérivé de *My Object-Oriented Tools* et l'orientation objet, sans doute une des raisons pourquoi les décideurs de Joomla! project ont décidé comme Framework JavaScript par défaut dans Joomla!.

Par rapport au JavaScript natif, un framework comme MooTools a des avantages significatifs.

- Il suit les pratiques orientées objet et le principe *"Don't repeat yourself" (DRY)*. Il propose des effets et des améliorations incroyables au *Document Object Model (DOM)*, permettant aux développeurs de facilement ajouter, modifier, sélectionner et effacer des elements DOM.

- Il prend en charge les informations de stockage et de récupération avec le stockage de l'élément.

- Il offre des fonctions intégrées pour la manipulation de CSS, les objets JavaScript natifs et les requêtes Ajax.

- Il fournit une *Application Programming Interface (API)* mais aussi un module personnalisé de téléchargements permettant aux développeurs de télécharger et d'utiliser uniquement les modules et les dépendances dont ils ont besoin pour une application particulière.

Si vous ne comprenez pas pleinement tous les avantages, n'ayez pas peur. Un autre avantage de la combinaison de Joomla! et deMooTools est, qu'il n'est pas nécessaire de connaître JavaScript sous toutes ses facettes pour pouvoir utiliser une grande partie de la magie de MooTools. Vous apprendrez et comprendrez de plus en plus JavaScript en utilisant les fonctions MooTools régulièrement.

POURQUOI MOOTOOLS?

Pour faire face à l'une des plus grandes questions dés le début de ce chapitre, je veux parler un petit peu de jQuery - l'"autre" Framework JavaScript.

En raison du fait que MooTools est déjà inclus dans le CMS Joomla! vous n'êtes pas confronté à la difficile tâche de choisir le bon framework à utiliser. Il y a quelques années, il y avait de nombreux frameworks JavaScript sur le marché et ils étaient tous largement utilisés. Depuis la décision de Microsoft d'utiliser et de soutenir jQuery comme "leur" Framework JavaScript pour Visual Studio et d'autres projets au cours de l'année 2008, chaque autre framework JavaScriptdoit se doit d'expliquer pourquoi il existe :) Dans le cas de MooTools il existe un siteweb très clair et très honnête disponibles dans différentes langues consacré au thème jQuery vs MooTools[103]. Si vous avez vraiment besoin de jQuery dans Joomla!, il est possible et d'autres développeurs le font (jQuery++ Integrator[104]).

DÉMOS

Il est intéressant de lire ce qui est possible, mais il est toujours préférable de voir les possibilités en direct dans un navigateur web. À cette fin l'équipe MooTools fournit un site de demo[105].

Vous pouvez visiter les démonstrations de différentes parties du framework. Dans la *Figure 1* vous voyez l'exemple d'un glisser-déposer (Drag and Drop) dans une utilisation e-commerce. Il est possible de faire glisser les t-shirts dans un panier.

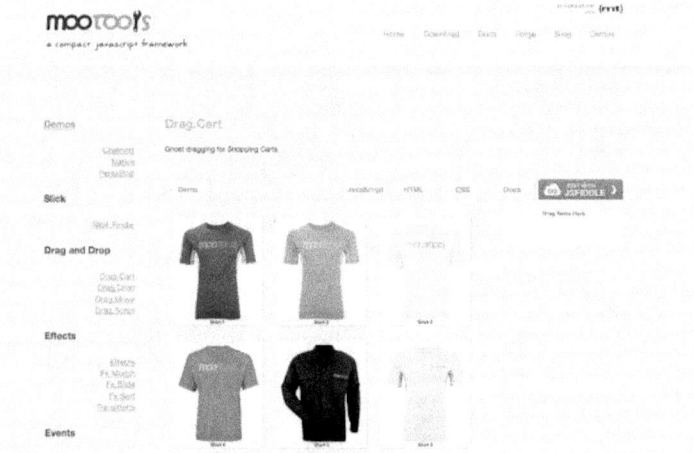

Figure 1: Exemple de Drag and Drop sur MooTools.net

Tous les exemples sont basés sur MooTools sans le CMS Joomla!. Vous pouvez voir le code source dans un éditeur en ligne.

JOOMLA! ET MOOTOOLS

Joomla! utilise MooTools en de nombreux endroits et généralement, vous n'avez pas à écrire le Code JavaScript Code pour l'utiliser dans vos extensions.

---

[103] http://jqueryvsmootools.com/

[104] http://extensions.joomla.org/extensions/core-enhancements/scripts/12995

[105] http://mootools.net/demos

Cela commence avec l'installateur. Peut-être avez vous déjà remarqué la petite roue qui apparaît lorsque vous installez Joomla! et qui va d'étape en étape. Elle est faite avec l'aide de MooTools (*Figure 2*).

Figure 2: MooTools dans l'Installateur Joomla!

D'autres exemples dans Joomla!, ce sont le slider et les onglets dans le template par défaut *beez_20* situés en *position-4*, et *position-8* (*Figure 3*, *Figure 4*).

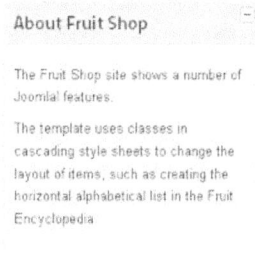

Figure 3: MooTools dans le Slider de Beez

Figure 4: MooTools dans les onglets de Beezs

Vous trouverez plus d'exemples en flânant dans l'interface d'administration Joomla! .

UN EXEMPLE D'INFO-BULLES (TOOLTIPS)

Pour faciliter la vie aux développeurs qui souhaitent utiliser les effets de base MooTools le Code JavaScript est encapsulé dans les classes Joomla!. Vous n'avez rien besoin de connaitre sur JavaScript pour les utiliser.

Regardons les info-bulles. Je suis sûr que vous avez remarqué les infobulles Joomla! dans le backend (*Figure 5*)

Figure 5: Tooltips in Joomla! backend

Je veux d'abord avoir une info-bulle lors du survol du lien de sponsoring du module exemple (*mod_coco_bookfeed*[106]). Pour intégrer une infobulle, j'ai seulement besoin d'une ligne de code supplémentaire au dessus du fichier modèle *default.php*.

```
JHTML::_('behavior.tooltip');
```

JHTML est une classe avec une méthode statique qui crée l'infobulle. Si vous êtes curieux, vous trouverez le code source de la classe de comportement et de longs commentaires dans */libraries/ joomla/html/html/behaviour.php* dans le cadre de la Joomla Platform. La méthode recherche la classe d'attributs HTML avec la valeur *hasTip*. Deuxième étape, nous avons ajouté cet attribut *class="hasTip"* dans le lien souhaité.

```
<a class="hasTip"
   title="YOURTITLE::YOURTITLE"
   href="http://cocoate.com/sponsoring"
   target="_blank">
   YOURLINKDESCRIPTION</a>
```

S'il trouve la classe, il ajoutera l'info-bulle comme dans la *Figure 6*. Cela fonctionne simplement sans aucune connaissance de MooTools.

---

[106] https://github.com/hagengraf/mod_coco_bookfeed

Figure 6: Info-bulles dans le module exemple

Il est également possible de relier les infobulles au texte avec l'attribut span.

```
<span class="hasTip"
   title="YOURTITLE::YOURTITLE">
   Hover on this text to see the tooltip</span>
```

DES INFO-BULLES PERSONNALISÉES AVEC DU CSS

Si vous souhaitez personnaliser le design de l'info-bulle par défaut, vous devez insérer du code CSS. Essayons d'améliorer notre info-bulle.

Vous devez stocker les déclarations CSS dans un fichier externe et les mettre dans un dossier / css dans votre extension (*Listing 1*).

```
/* Tooltips */
.tip-wrap {
   float: left;
   border: 5px solid #417FCC;
   max-width: 200px;
   border-radius: 5px;
-moz-border-radius: 5px;
-webkit-border-radius: 5px;
}
.tip-title {
   padding: 3px;
   margin: 0;
   background: #fff;
   font-size: 120%;
   font-weight: bold;
```

```
}
.tip-text {
    font-size: 110%;
    padding:3px;
    background: #fff;
    border-radius: 5px;
-moz-border-radius: 5px;
-webkit-border-radius: 5px;
}
```

Listing 1: /modules/mod_coco_bookfeed/css/mod_coco_bookfeed.css

Vous pouvez charger le fichier dans la vue de votre extension (la plupart du temps nommée *default.php*) avec le code suivant

```
// Add a reference to a CSS file
// The default path is 'media/system/css/'
$css_filename = 'mod_coco_bookfeed.css';
$css_path = 'modules/mod_coco_bookfeed/css/';
JHTML::stylesheet($css_filename, $css_path);
```

Structure des info-bulles

Pour pouvoir écrire les déclarations CSS correctement vous avez besoin de la structure des info-bulles de Joomla 1.7

```
<div class="tip-wrap">
    <div class="tip-top"></div>
    <div class="tip">
        <div class="tip-title"></div>
        <div class="tip-text"></div>
    </div>
    <div class="tip-bottom"></div>
</div>
```

Le résultat aura un aspect différent comme dans la *Figure 7*.

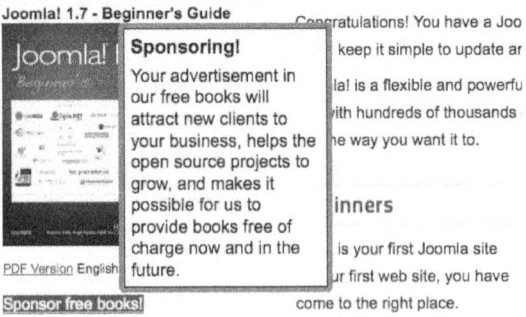

Figure 7: Info-bulle personnalisée

INFO-BULLES PERSONNALISÉES MULTIPLES

Si vous voulez avoir des info-bulles de différents styles vous avez besoin d'une classe supplémentaire comme un déclencheur pour JHTML et évidemment différentes déclarations de CSS.

Supposons que vos info-bulles personnalisées doivent apparaître lorsqu'une classe appelée *hasCustomTip* est utilisée dans une balise HTML (n'oubliez pas que le déclencheur pour les info-bulles par défaut est *hasTip*). Pour gérer les différentes classes CSS, vous devez ajouter un troisième paramètre de la classe JHTML. Voici les deux lignes dont vous avez besoin.

```
$toolTipArray = array('className'=>'custom');
JHTML::_('behavior.tooltip', '.hasCustomTip', $toolTipArray);
```

Dans votre fichier CSS, vous devez avoir les classes personnalisées supplémentaires.

```
/* Custom Tooltips */
.custom .tip-wrap {
    float: left;
    border: 5px solid #417FCC;
    max-width: 200px;
    border-radius: 5px;
     -moz-border-radius: 5px;
     -webkit-border-radius: 5px;
}


.custom .tip-title {
    padding: 3px;
    margin: 0;
    background: red;
    font-size: 120%;
    font-weight: bold;
}


.custom .tip-text {
    font-size: 110%;
    padding:3px;
    background: #fff;
    border-radius: 5px;
     -moz-border-radius: 5px;
     -webkit-border-radius: 5px;
}
```

Le code HTML par défaut ressemble à ceci

```
<span
```

```
class="hasTip"
title="hasTip Title::This is using the default class 'hasTip'.">
hasTip hover text</span>
```

Le code HTML personnalisé utilise l'autre classe déclencheur (trigger class).

```
<span
  class="hasCustomTip"
    title="hasCustomTip Title::This  is  using  the  customised  class
'hasCustomTip'.">
  hasCustomTip hover text</span>
```

Vous pouvez configurer autant de styles différents que vous avez besoin.

RESSOURCES

C'était juste un court exemple pour présenter MooTools. Vous pouvez également lire:

- http://mootorial.com/
- http://api.joomla.org/Joomla-Platform/HTML/JHtml.html

cocoate.com

is the publisher of this book and an independent management consultancy, based in France and working internationally.

Specialised in three areas – Consulting, Coaching and Teaching – cocoate.com develops web based strategies for process and project management and public relations; provides customised trainings for open source content management systems Drupal, Joomla! and WordPress, in the area of management and leadership skills and develops educational projects with the focus on non-formal learning.

The European educational projects focus on the promotion of lifelong learning with the goal of social integration. Particular emphasis is placed on learning methods in order to learn how to learn, the conception and realisation of cross-generational learning strategies and local community development.

http://cocoate.com

Spend Your Holidays in Southern France

We were captive to the charm of this old French village from the beginning and that's why we live and work in Fitou.

We restored an old village house into holiday apartments because we like to host guests and share with them our love for this region.

Fitou is situated in the South of France, between Perpignan and Narbonne and is a typical French wine village having guarded the distinctive architectural village houses.

The region around Fitou is known for its wine and is as diverse as it can be, situated not too far from the Pyrenees (one hour drive) and Spain. The Mediterranean climate allows you to enjoy the freshness of the Mediterranean sea at one of the beautiful beaches enclosing the Étang from March until October, as Languedoc-Roussillon is the sunniest area in France.

The country of Cathar offers not only old castles and abbeys but also the historical Canal du Midi.

Our apartments can be rented during the whole year.

The apartments are part of an old traditional stone house in the heart of Fitou. They have been carefully restored and modernised, respecting architectural aspects and conforming to the neighbouring houses. Feel free to discover our apartments and the region surrounding them!

http://fimidi.com

www.ingramcontent.com/pod-product-compliance
Lightning Source LLC
Chambersburg PA
CBHW051509170526
45166CB00001B/449